JN040987

# もくじ



『中学定期テスト 得点アップ問題集 中学国語』について

この本には、中学1年から3年までに学習する内容がすべて収められています。もくじの対象学年と授業の進度に合わせて学習しましょう。

# 第3章 古典




STAFF

編集協力　有限会社マイプラン（湯川善之）
校正　そらみつ企画　加田祐衣　鈴木充美
装丁デザイン　groovisions
本文デザイン　大滝奈緒子（ブラン・グラフ）

# 本書の特長と使い方

## 本書の特長

1 STEP 1 **要点チェック**
STEP 2 **基本問題**
STEP 3 **得点アップ問題**
3ステップで、段階的に定期テストの得点力が身につきます。

2 スケジュールの目安が示してあるので、定期テストの範囲を1日30分×7日間で、計画的にスピード完成できます。

3 コンパクトで持ち運びしやすい「+10点暗記ブック」&赤シートで、いつでもどこでも、テスト直前まで大切なポイントを確認できます。

## STEP 1 要点チェック

テスト 1週間前から確認!

単元の要点をまとめたページです。テスト範囲の大事なポイントを確認しましょう。

下段には、くわしい説明や注意点、テストによくでる内容等をまとめています。

## STEP 2 基本問題

テスト 5日前から確認!

基本的な問題で単元の内容を確認しながら、大問形式の問題を解く練習をしましょう。

# アイコンの説明

**必ずチェック** 必ず確認して理解しておきたい内容。

**おぼえる!** これだけは覚えたほうがいい内容。

**ポイント** その単元のポイントをまとめた内容。

**よくでる** テストによくでる内容。時間がないときはここから始めよう。

**ミス注意!** テストで間違えやすい内容。

**難** 難しい問題。これが解ければテストで差がつく!

**入試に出る!** 実際の入試問題。定期テストに出そうな問題をピックアップ。

## STEP 3 得点アップ問題

テスト3日前から確認!

単元の総仕上げ問題です。定期テストレベルの問題を解いて、得点力を高めましょう。

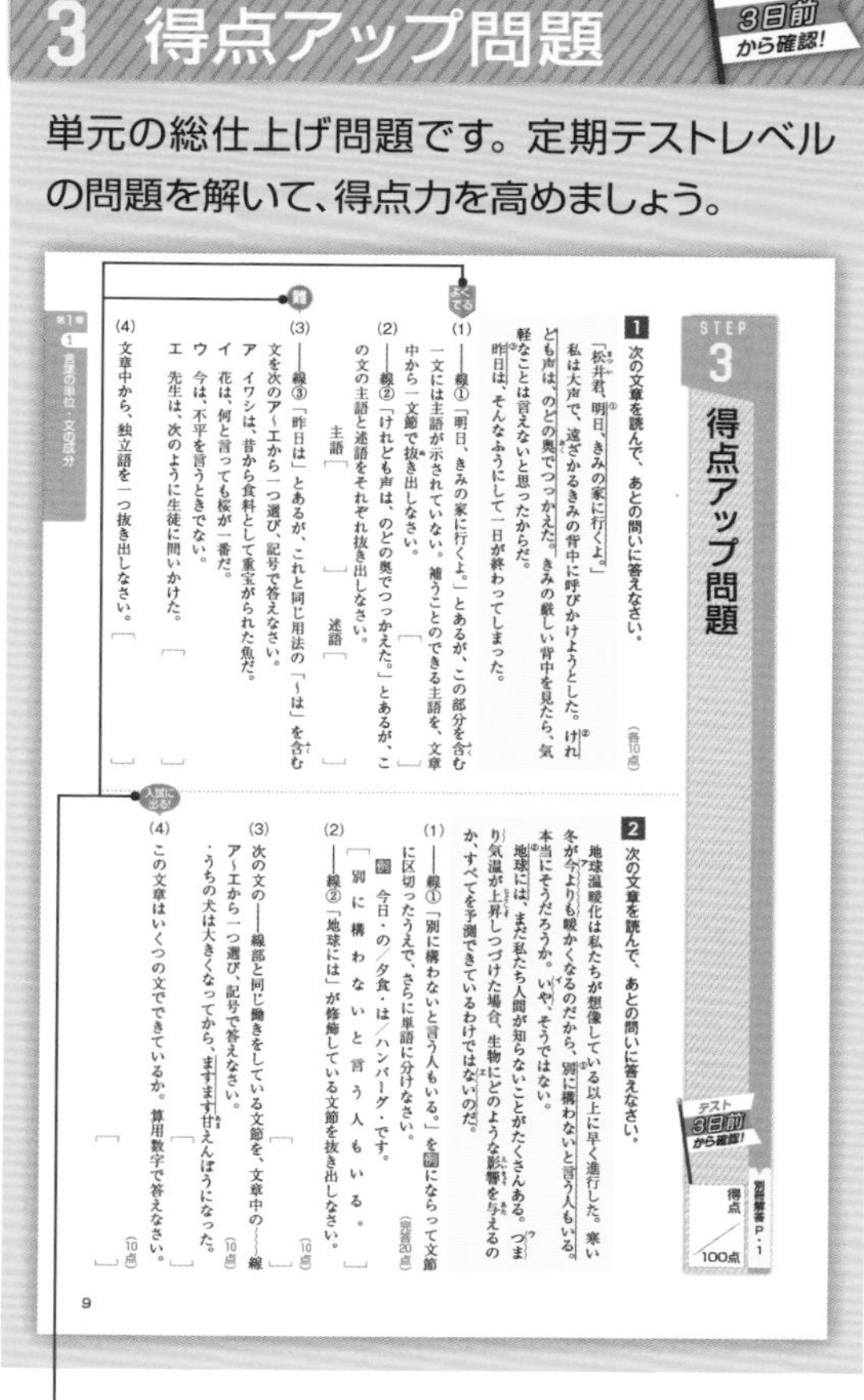

STEP 3 得点アップ問題

テスト3日前から確認!

別冊解答P.1

得点 /100点

第1章 1 言葉の単位・文の成分

**1** 次の文章を読んで、あとの問いに答えなさい。（各10点）

「松井君、明日、きみの家に行くよ。」

私は大声で、遠ざかるきみの背中に呼びかけようとした。けれども声は、のどの奥でつっかえた。きみの厳しい背中を見たら、気軽なことは言えないと思ったからだ。

昨日は、そんなふうにして一日が終わってしまった。

よくでる (1) ——線①「明日、きみの家に行くよ。」とあるが、この部分を含む一文には主語が示されていない。補うことのできる主語を、文章中から一文節で抜き出しなさい。［　］

(2) ——線②「けれども声は、のどの奥でつっかえた。」とあるが、この文の主語と述語をそれぞれ抜き出しなさい。

主語［　］ 述語［　］

難 (3) ——線③「昨日は」とあるが、これと同じ用法の「〜は」を含む文を次のア〜エから一つ選び、記号で答えなさい。

ア イワシは、昔から食料として重宝がられた魚だ。

イ 花は、何と言っても桜が一番だ。

ウ 今は、不平を言うときでない。

エ 先生は、次のように生徒に問いかけた。［　］

(4) 文章中から、独立語を一つ抜き出しなさい。［　］

**2** 次の文章を読んで、あとの問いに答えなさい。

地球温暖化は私たちが想像している以上に早く進行した。寒い冬が今よりも暖かくなるのだから、別に構わないと言う人もいる。本当にそうだろうか。いや、そうではない。

地球には、まだ私たち人間が知らないことがたくさんある。つまり気温が上昇しつづけた場合、生物にどのような影響を与えるのか、すべてを予測できているわけではないのだ。

(1) ——線①「別に構わないと言う人もいる。」を例にならって文節に区切ったうえで、さらに単語に分けなさい。（完答20点）

例 今日・の／夕食・は／ハンバーグ・です。

［別 に 構 わ な い と 言 う 人 も い る 。］

(2) ——線②「地球には」が修飾している文節を抜き出しなさい。（10点）［　］

(3) 次の文の——線部と同じ働きをしている文節を、文章中の〰〰線ア〜エから一つ選び、記号で答えなさい。（10点）

・うちの犬は大きくなってから、ますます甘えんぼうになった。［　］

入試に出る! (4) この文章はいくつの文でできているか。算用数字で答えなさい。（10点）［　］

9

アイコンで、問題の難易度などがわかります。

## 入試問題にチャレンジ

巻末には、3年間の総復習ができるよう、入試対策問題を掲載しています。

## +10点 暗記ブック

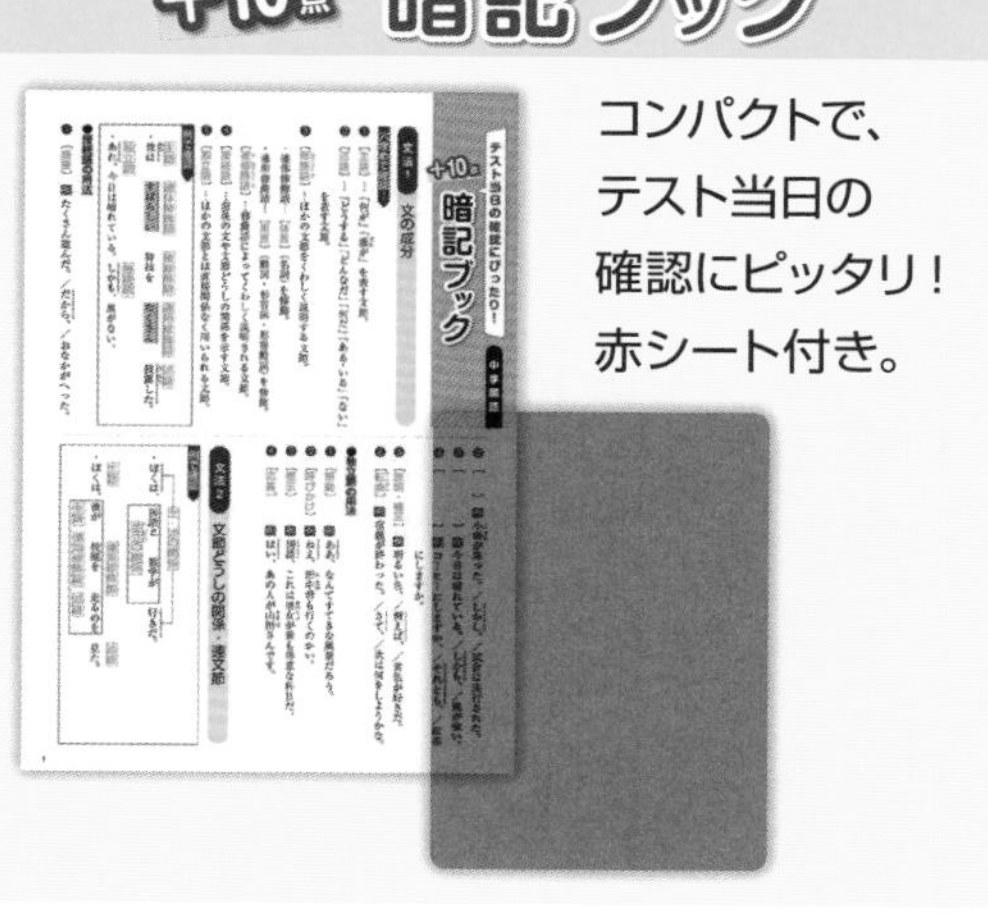

コンパクトで、テスト当日の確認にピッタリ！赤シート付き。

# 1 言葉の単位・文の成分

## STEP 1 要点チェック

テスト1週間前から確認!

### 1 言葉の単位

❶ 文章・談話、段落、文、文節、単語 必ずチェック

◆文章・談話…一つのまとまった内容を文字で書き表したもの(文章)や、音声で表したもの(談話)。

◆段落…文章を内容のまとまりごとに分けたもの。

◆文…ひとまとまりの内容を表して言い終える、ひと続きの言葉。「。」「!」「?」などで区切られる。

◆文節…意味が不自然にならない範囲(はんい)で文を区切ったひと区切り。

◆単語…意味をもった最小の言葉の単位。

確認

私は文法を勉強するたびに、とても不思議な気持ちになる。(文)ふだんから(文節)/日本語(単語)を/話して/いるのに、/日本語の/仕組みを/正確に/知らないからだ。

文法がよくわからなくても、日本語を話したり書いたりすることはできる。しかし、仕組みを知ることによって、より正確で奥深(おくぶか)い表現ができるようになるのかもしれない。(段落)(文章)

❷ 文節の区切り方 ポイント

文節は、「ネ」「サ」「ヨ」などを入れられるところで区切る。

例 今日の(ネ)/空は(ネ)/とても(ネ)/青い(ヨ)。→4つの文節からなる文

❸ 単語の区切り方

文節を、言葉として成り立つ最も小さなまとまりに分ける。

例 今日・の・空・は・とても・青い。→6つの単語からなる文

よくでる 形式段落と意味段落

形式段落とは、通常、改行して一字下がっている部分から始まる段落。形式段落がいくつか集まって、一つの意味をもつ大きなまとまりになったものが意味段落。

ミス注意!

◆文節に区切る場合

・「とき・こと・もの」の前

例 寒い/ときは/家で/過ごす。
幸運な/ことが/あった。

◆文節に区切らない場合

・直前に「は」が入れられない「～ない」

例 本当の/ことは/誰も/知らない。

◆単語に区切らない場合

・「青空」(青+空)や「田中様」(田中+様)のような言葉は一単語と考える。

例 外国映画・を・見・た。

## 2 文の成分 おぼえる！

❶ **主語**…「何が」「誰が」を表す文節を主語という。 ➡P.11

例 **彼が**／笑った。 ↓主語は「誰が」を示す「**彼が**」。

❷ **述語**…「どうする」「どんなだ」「何だ」「ある・いる」「ない」を表す文節を述語という。

例 空は／どこまでも／**青い**。 ↓述語は「どんなだ」を示す「**青い**」。

あなたは／私たちの／**友だちです**。 ↓述語は「何だ」を示す「**友だちです**」。

❸ **修飾語**…ほかの文節をくわしく説明する文節。 **被修飾語**…修飾語によってくわしく説明される文節。

- **連体修飾語**……体言（名詞）を修飾する文節。
- **連用修飾語**……用言（動詞・形容詞・形容動詞）を修飾する文節。

例 **楽しい**話を**たくさん**聞いた。 ↓「**楽しい**」は体言「話」を修飾する連体修飾語。 ➡P.15
「**たくさん**」は用言「聞い（た）」を修飾する連用修飾語。

❹ **接続語**…前後の文や文節をつないで、いろいろな関係を示す。

| 種類 | 例 |
|---|---|
| 順接 | 前の事柄が原因・理由となり、その当然の結果があとにくる。 | たくさん遊んだ。だから、おなかがへった。 |
| 逆接 | 前の事柄から類推される結果とは逆の結果があとにくる。 | 小雨が降った。しかし、試合は決行された。 |
| 並列・累加 | 前の文に並べたり、あとの文に付け加えたりする。 | 今日は晴れている。しかも、風がない。 |
| 対比・選択 | 前の文とあとの文を比べたり、どちらかを選択したりする。 | コーヒーにしますか、それとも、紅茶にしますか。 |
| 説明・補足 | 前の事柄をまとめたり、補ったりする。 | 明るい色、例えば、黄色が好きだ。 |
| 転換 | 前の事柄と話題を変える。 | 宿題が終わった。さて、次は何をしようかな。 |

❺ **独立語**…ほかの文節とは直接関係なく用いられる文節。

| 種類 | 例 |
|---|---|
| 感動 | ああ、なんてすてきな風景だろう。 |
| 呼びかけ | ねえ、田中君。 |
| 提示 | 国語、これは彼女が最も得意な科目だ。 |
| 応答 | はい、あの人が山田さんです。 |

**くわしく**
主語には「は」「が」「も」「こそ」「さえ」などがつく。必ずしも、述語のすぐ上にあるとは限らないことに注意しよう！

---

◆**主語・述語の探し方**
まず述語を見つけ、述語に合う主語を探すとよい。

例 明日は 友人が 来る。

↓述語は「どうする」を表す「来る」。「誰が来るのか」を考えると、主語は「友人が」であるとわかる。


**ミス注意！**

主語は「明日は」ではないことに注意。

◆**倒置**
述語はふつう、文の最後にあるが、印象を強めるために倒置（語順を入れ換えること）が用いられている場合は、文の最後にないことがある。

例 すばらしいよ、あなたの発明は。

↓「どんなだ」を表す述語は「すばらしいよ」、「何が」を表す主語は「発明は」である。

◆**主部と述部**
主語が連文節の場合は主部、述語が連文節の場合は述部という。 ➡P.11

◆**被修飾語の探し方**
修飾語と被修飾語が離れている場合、続けて読んだときに意味が自然につながる文節を被修飾語と考えるとよい。

例 どうしても 私は その 本が 欲しい。

↓「どうしても」がくわしく説明しているのは、「どんなだ」を表す「欲しい」である。

STEP 2

# 基本問題

テスト5日前から確認!

別冊解答P.1

得点　　／100点

## 1

次の各文の文節と単語の数を、それぞれ算用数字で答えなさい。（完答各5点）

(1) 誕生日にどうしても欲しいものがある。　文節［　　］　単語［　　］

(2) お祭りで買ったひよこは、大きく成長した。　文節［　　］　単語［　　］

(3) みんなと過ごした時間を忘れない。　文節［　　］　単語［　　］

(4) 時間がかかる計算方法は正しくない。　文節［　　］　単語［　　］

(5) あちらにいらっしゃる男性が山田さんです。　文節［　　］　単語［　　］

## 2

次の各文の、——線部の文の成分としてふさわしいものをあとのア〜オから一つずつ選び、それぞれ記号で答えなさい。（各4点）

(1) 先生に呼ばれたのは私です。［　　］

(2) 先生、質問があります。［　　］

(3) この花は非常に珍しい。［　　］

(4) 彼らの国では夕方によく雨が降る。［　　］

(5) 正解だろうか、あるいは不正解だろうか。［　　］

ア 主語　イ 述語　ウ 修飾語

エ 接続語　オ 独立語

## 3

次の各文の——線部が連体修飾語ならA、連用修飾語ならBを答えなさい。（各5点）

(1) 大きな魚が、ぼくたちの目の前をゆっくりと泳いだ。［　　］

(2) 赤いきれいな実を、たくさん拾った。［　　］

(3) そんなことわからないよ、この世界中の誰にも。［　　］

(4) 日暮れどき、西の空をふと眺めやる。［　　］

## 4

次の各文の——線部の文節は、どの文節を修飾しているか。それぞれ一文節で抜き出しなさい。（各5点）

(1) あらまあ、白いシャツが黒く見えるくらいに汚れたわねえ。［　　］

(2) ちょうど一か月前に、ぼくは十四歳になった。［　　］

(3) やっと駅に着いたと思ったら、バスが行ってしまった。［　　］

(4) 涼しい初秋の風が、寂しさを誘う。［　　］

(5) 全力で走る少女の姿が、まぶしいくらいに美しい。［　　］

(6) ぼくは山口君の輝くような美しい笑顔を決して忘れない。［　　］

(7) 秋も深まり、いよいよ紅葉のシーズンがこの街にも訪れる頃だ。［　　］

STEP 3

# 得点アップ問題

テスト 3日前から確認!

別冊解答 P.1

得点 ／100点

**1** 次の文章を読んで、あとの問いに答えなさい。（各10点）

「松井君、明日、きみの家に行くよ。」①

私は大声で、遠ざかるきみの背中に呼びかけようとした。けれども声は、のどの奥でつっかえた。② きみの厳しい背中を見たら、気軽なことは言えないと思ったからだ。

昨日は、③そんなふうにして一日が終わってしまった。

(1) よくでる ――線①「明日、きみの家に行くよ。」とあるが、この部分を含む一文には主語が示されていない。補うことのできる主語を、文章中から一文節で抜き出しなさい。［　　］

(2) ――線②「けれども声は、のどの奥でつっかえた。」とあるが、この文の主語と述語をそれぞれ抜き出しなさい。

主語［　　］　述語［　　］

(3) 難 ――線③「昨日は」とあるが、これと同じ用法の「～は」を含む文を次のア～エから一つ選び、記号で答えなさい。

ア　イワシは、昔から食料として重宝がられた魚だ。
イ　花は、何と言っても桜が一番だ。
ウ　今は、不平を言うときでない。
エ　先生は、次のように生徒に問いかけた。

［　　］

(4) 文章中から、独立語を一つ抜き出しなさい。［　　］

**2** 次の文章を読んで、あとの問いに答えなさい。

地球温暖化は私たちが想像している以上に早く進行した。寒い冬が今よりも暖かくなるのだから、別に構わないと言う人もいる。①（ア：が） 本当にそうだろうか。いや、（イ：いや）そうではない。地球には、②まだ私たち人間が知らないことがたくさんある。つまり（ウ：つまり）気温が上昇しつづけた場合、生物にどのような影響を与えるのか、すべてを予測できているわけではないのだ。（エ：ない）

(1) ――線①「別に構わないと言う人もいる。」を例にならって文節に区切ったうえで、さらに単語に分けなさい。（完答20点）

例　今日・の／夕食・は／ハンバーグ・です。

［別に構わないと言う人もいる。］

(2) ――線②「地球には」が修飾している文節を抜き出しなさい。（10点）［　　］

(3) 次の文の――線部と同じ働きをしている文節を、文章中の～～線ア～エから一つ選び、記号で答えなさい。（10点）

・うちの犬は大きくなってから、ますます甘えんぼうになった。

［　　］

(4) 入試に出る! この文章はいくつの文でできているか。算用数字で答えなさい。（10点）［　　］

# 2 文節どうしの関係・連文節・文の組み立て

## STEP 1 要点チェック

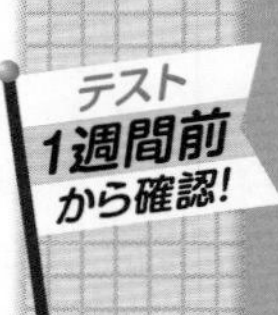


### 1 文節どうしの関係 必ずチェック

| 関係 | 説明 | 例 |
|---|---|---|
| 主・述の関係 | 文節どうしが主語と述語の関係になっているもの。 | 例 花が咲く。／私は中学生だ。あの建物は学校だ。 |
| 修飾・被修飾の関係 | 修飾語と被修飾語によって成り立っている関係。 | 例 昼間の気温がとても高い。 |
| 並立の関係 | 二つ以上の文節が対等の資格で並んで、ひとまとまりの働きをする関係。 | 例 ぼくは国語と数学が好きだ。 |
| 補助の関係 | 下の文節がすぐ上の文節の意味を補って、ひとまとまりの働きをする関係。 | 例 じっと絵を見ている。公園に行ってみる。 |
| 接続の関係 | 接続語とそれを受ける文節との関係。 | 例 不満だが、仕方ない。疲れたので休憩した。 |
| 独立の関係 | ほかの文節とは、直接の関係をもたず独立している文節と、ほかの文節との関係。 | 例 まあ、雨が降ってきたわ。こんにちは、今日は寒いね。 |

**確認 主・述の関係の探し方**

「何（誰）が」―「どうする／どんなだ／ある・いる／ない」にあたる関係、主語には「は」「が」「も」「こそ」「さえ」などがつく。まず述語を見つけると探しやすい。

例 彼こそ委員長にふさわしい人物だ。／私も今そのことを知った。

**◆並立の関係の探し方**

並立の関係にある文節どうしを入れ換えても、意味は変わらない。

例 彼女の髪は黒くて長い。→長くて黒い

**◆補助の関係の探し方**

・補助の語は、本来の意味を失っており、単独では意味がわかりにくいことが多い。また、補助の関係にある文節は、常に連文節になる。

・補助の関係は、「〜て（で）…」という形でつながっていることが多い。

**よくでる 補助の関係の例**

補助の関係として出題されるものには、次のようなものがある。

・〇〇〇て(で)・いる。例 寝ている
・〇〇〇て(で)・ある。例 貸してある
・〇〇〇て(で)・くる。例 見てくる
・〇〇〇て(で)・おく。例 知っておく

など。原則的に、「〜て」の形の文節のあとにくるが、「は」「も」「ばかり」などが間に入ることもある。

例 寝てばかりいる。

## 2 連文節

二つ以上の文節がまとまって、ある内容を表したもの。

例 **大きな／犬が**／いる。（大きな／犬が＝連文節）

→「大きな」と「犬が」は文節で区切れるが、「大きな犬が」の二文節で主語の働きをする。

◆文の成分（文の成分とは➡P.7へ）のうち、このような**連文節を「〜部」**という。

| 主部 | 二文節以上で、主語の働きをするもの。 | 例 **私と／弟は、**／思わず／歓声（かんせい）を／上げた。<br>→「私と弟は」が主語の働きをする。 |
|---|---|---|
| 述部 | 二文節以上で、述語の働きをするもの。 | 例 猫（ねこ）が／庭を／**眺（なが）めて／いる。**<br>→「眺めている」が述語の働きをする。 |
| 修飾部 | 二文節以上で、修飾語の働きをするもの。 | 例 **向こうに／見える**／公園で／遊ぼう。<br>→「向こうに見える」で、「公園で」を修飾している。 |
| 接続部 | 二文節以上で、接続語の働きをするもの。 | 例 **私なりに／努力したが、**／成功しなかった。<br>→「私なりに努力したが」で、逆接を表している。 |
| 独立部 | 二文節以上で、独立語の働きをするもの。 | 例 **あら、／おはよう、**／今日は／早いですね。<br>→「あら、おはよう」は、ほかの文節と関係をもっていない。 |

## 3 文の組み立て

どんな文でも、文の成分の組み合わせによって成り立っている。

例 **ぼくは、**／**彼が／校庭を／走るのを**／**見た。**

（ぼくは、＝主語　彼が／校庭を／走るのを＝連用修飾部〔彼が＝主語　校庭を＝連用修飾語　走るのを＝述語〕　見た。＝述語）

### 文の成分 ➡P.7

文の中で、文節が果たす役割のことを「文の成分」という。文の成分は、次の五つに分けられる。

| 主語 | 「何が」「誰が」を表す文節 |
|---|---|
| 述語 | 「どうする」「どんなだ」「何だ」「ある・いる」「ない」を表す文節 |
| 修飾語 | ほかの文節をくわしく説明する文節 |
| 接続語 | 前後の文や文節をつなぎ、いろいろな関係を示す文節 |
| 独立語 | ほかの文節とは直接関係なく用いられる文節 |

**◆文の成分を見分ける手順（まとめ）**

例 太陽が<u>地面をまぶしく</u>照らす。

① 「ネ」「サ」「ヨ」を入れて、文節に区切る。
→太陽が（ネ）／地面を（ネ）／まぶしく（ネ）／照らす（ヨ）。

② ——線部が一文節か、二文節以上かを見分ける。

③ 一文節の場合はその文節の働きを、二文節以上の場合は最後の文節の働きを見分ける。
→「地面を／まぶしく」は二文節。
→「まぶしく」は、「照らす」をくわしく説明する修飾語。

④ 一文節の場合は「〜語」、二文節以上の場合は「〜部」。
→二文節なので、「修飾部」である。

# STEP 2 基本問題

別冊解答 P・1

得点 ／100点

**1** 次の各組の中で、〰〰線部と――線部の文節（連文節）どうしの関係がほかと異なっているものを一つ選び、それぞれ記号で答えなさい。（各8点）

(1)
A 冬の星空の眺め(なが)は、見る者の心を射抜く(いぬ)ようだ。
B きみも、行かないかい、学校のプールに。
C 今日は、父も母も不在です。
D 世界一巨大(きょだい)なタンカーが、ついに完成した。
［　　］

(2)
A 苦い薬を飲むと、よく効くような気がする。
B 弟が食べているクッキーは、私のお手製だ。
C こんなにきれいな夕日は見たことがないよ。
D 彼(かれ)は、海のように広い心の持ち主だ。
［　　］

(3)
A 担任の先生は、優し(やさ)くておおらかな性格の人だ。
B 今日は、波が激しいので、出帆(しゅっぱん)しないでしょう。
C とても寒かったが、外出した。
D その件は調べたけれど、わからない。
［　　］

**2** 次の各文の〰〰線部と――線部の文節（連文節）の関係について説明した（　）内の文の内容として、正しいものには○を、間(ま)違(ちが)っているものには×を書きなさい。（各8点）

(1) 夕食がカレーライスだったので、うれしかった。
（「うれしかった」という理由を〰〰線部がくわしく説明しているので、修飾(しゅうしょく)・被修飾(ひしゅうしょく)の関係である。）
［　　］

(2) えらそうなことを言った私も、実は不安です。
（「誰(だれ)が」「どんなだ」の関係を表しており、主・述の関係である。）
［　　］

(3) 小さな子どもがにこにこ笑っている。
（「いる」という言葉の本来の意味がうすれ、「笑う」という言葉の働きを補っているので、補助の関係である。）
［　　］

(4) 旅に出るとしたら、私はあなたと行きたい。
（「私は」と「あなたと」が対等の資格で並んでいるので、並立(へいりつ)の関係である。）
［　　］

(5) ぼくは決めた、あの山に登ろうと。
（「ぼくは」と「決めた」は、ほかの文節と直接の関係をもたない独立した文節なので、独立の関係である。）
［　　］

**3** 次の各文で、（　）の文の成分となる連文節に――線を引きなさい。（各9点）

(1) 母と私はそっくりだ。（主部）
(2) ゆっくり歩いても追いつける。（接続部）
(3) 明日、恒例(こうれい)のマラソン大会が開かれる。（主部）
(4) 大事なもの、それはギターだ。（独立部）

STEP 3

# 得点アップ問題

テスト3日前から確認!

別冊解答 P.2

得点　　／100点

**1** 次の文章を読んで、あとの問いに答えなさい。（各20点）

啓蟄（けいちつ）とは二十四節気のひとつである。啓蟄になると大地が暖まり、冬ごもりの虫たちが地上に①出てくる。毎年、三月の初め頃（ごろ）がこれにあたる。虫たちの生態から季節を感じ、人間もまた自然の一部として生活を②営んできたことをよく表す言葉だと思う。

考えてみると、私たちは気温だけでなく、③自然や風物から季節の移り変わりを感じながら暮らしている。四季が移ろう日本で、人々は昔から季節の変化に合わせた暮らしを送っている。その中から文化と呼ばれるものも生まれてきた。

しかし、最近は少々様子が④変わっている。絶滅（ぜつめつ）や個体数の減少によって、私たちの身の回りから姿を<sup>ア</sup>消していく<sup>イ</sup>昆虫（こんちゅう）たちがいる。父が子どもの頃（ころ）は、私の住む町でも夏になると蛍（ほたる）がよく見られたのだそうだ。私は⑤生まれてからまだ一度も、蛍が光を放って<sup>ウ</sup>飛んでいるところを見たことがない。

自然は私たちに多くのものを<sup>エ</sup>与（あた）えている。私たち人間も、自然の一部だ。これを忘れることなく、身の回りの自然を大切に守っていきたい。

入試に出る!

(1) ——線①「出てくる」の主語（主部）にあたる部分はどれか。次のア～エから一つ選び、記号で答えなさい。

ア 啓蟄とは　イ 大地が　ウ 冬ごもりの虫たちが　エ 地上に

［　　］

(2) ——線②「営んできた」の「営んで」と「きた」という文節は、どのような関係になっているか、答えなさい。

［　　］

(3) ——線③「自然や風物から」の「自然や」と「風物から」という文節は、どのような関係になっているか、答えなさい。

［　　］

(4) ——線④「変わっている」の「変わって」と「いる」の関係と同じ関係でないものを、次のア～エから一つ選び、記号で答えなさい。

ア 〰〰線アの「消して」と「いく」。
イ 〰〰線イの「昆虫たちが」と「いる」。
ウ 〰〰線ウの「飛んで」と「いる」。
エ 〰〰線エの「与えて」と「いる」。

［　　］

難

(5) ——線⑤「生まれてからまだ一度も」の文の成分の説明として正しいものを、次のア～エから一つ選び、記号で答えなさい。

ア 「私は」に対し「どうする」の部分を述べている連文節で、述部である。
イ 「放って」に対し「誰（だれ）が」の部分を述べている連文節で、主部である。
ウ 「ところを」に対し反対の内容を述べた連文節で、接続部である。
エ 「ない」をくわしく説明している連文節で、修飾部（しゅうしょくぶ）である。

［　　］

# 3 単語の分類・品詞・体言／用言

## STEP 1 要点チェック

### 1 単語の分類

単語は、次の観点で分類することができる。

| | |
|---|---|
| 自立語・付属語 | ・自立語→それだけで意味がわかる。それだけで文節を作ることができる。 例 ボール・走る・大阪・そっと・きれいだ<br>・付属語→それだけでは意味がわからない。自立語のあとにつくことで言葉としての意味をもつ。 例 は・が・だ・こそ・そうだ・れる<br>例 山口君は美しい声で歌を歌った。 |
| 活用の有無 | あとに続く語によって、単語の語尾が変化することを活用という。 ↓P.18<br>単語には、活用する語としない語がある。<br>・活用する単語 例 遊ぶ・静かだ・青い・食べる・られる<br>・活用しない単語 例 東京・これ・けっして・私・も・と<br>例 山口君は美しい声で歌を歌った。 |

### 2 品詞 おぼえる！

単語を、「自立語か付属語か」「活用するかしないか」を基準として、さらに働きによって細かく分けたものを「品詞」という。品詞は、左の「品詞分類表」のように、十種類に分類することができる。

---

**定期テストのポイント**

この単元では、
・自立語・付属語とはどのようなものか
・それぞれの品詞の簡単な特徴
・体言・用言とはどのようなものか
を覚えておくことが大切である。
品詞についてのくわしい内容は、二年生で学習する。一年生の間は、左ページの「品詞分類表」の赤字になっている部分を中心に覚え、特徴をつかんでおけばよい。

**◆文節を正しく分ける**

文節には「文節の最初は、必ず自立語である」という性質がある。

例 昨日／水槽で／金魚が／泳ぐのを／見た。
（自／自 付／自 付／自 付付／自 付）

右の例文から、次のようなこともわかる。
・一つの文節には自立語が一つある。
・自立語はそれだけで文節を作ることができる。
・文節の最後は、自立語の場合も、付属語の場合もある。
・一つの文節に、付属語が二つ以上含まれることもある。

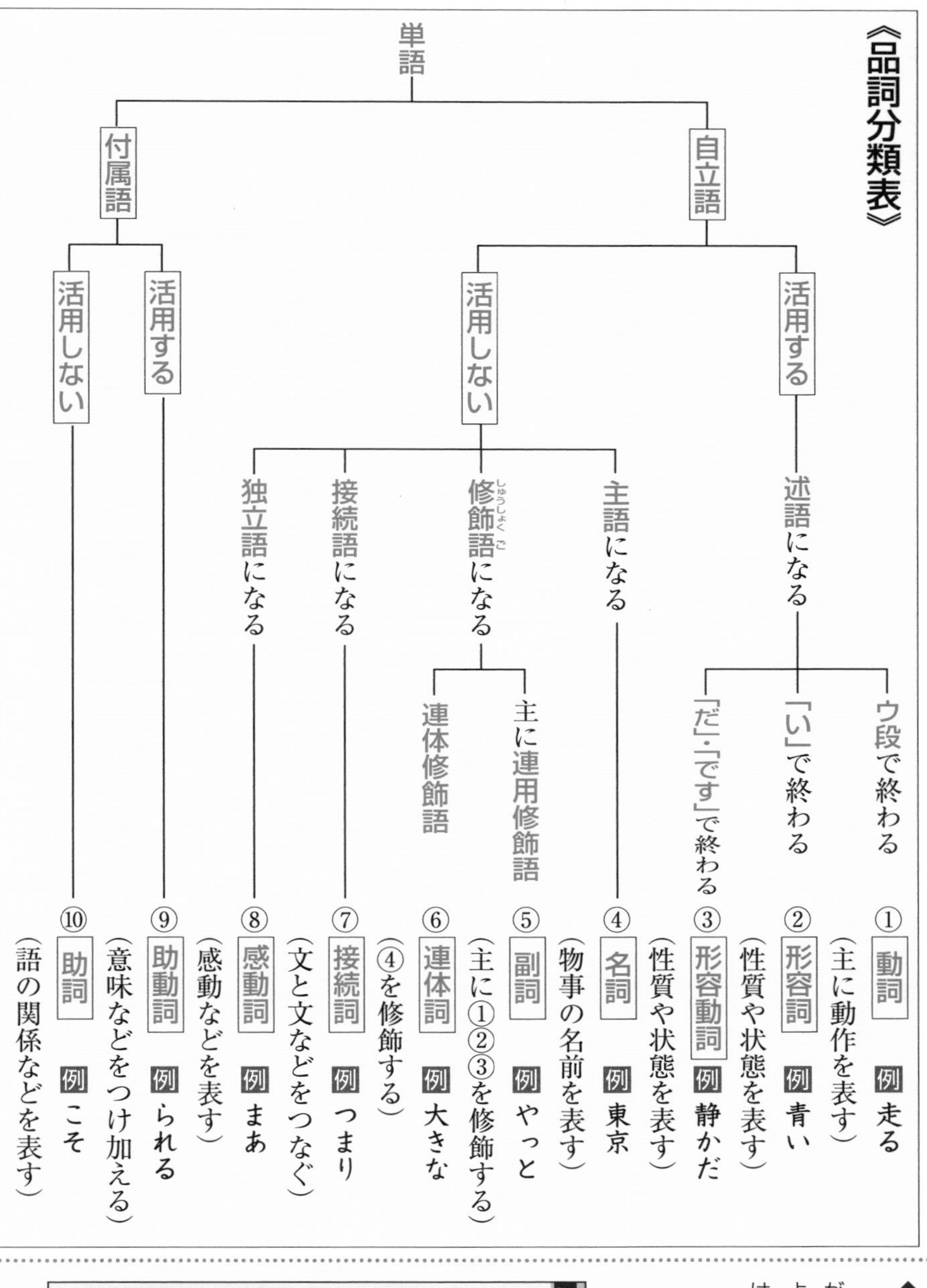


## 3 体言／用言 ✔必ずチェック

❶ 体言 →**名詞**のこと。主語になることができる。

例 お茶・窓・人形・時計・うさぎ　など（名詞）

❷ 用言 →**動詞・形容詞・形容動詞**をまとめた言い方。述語になることができる。

例 食べる・見る・泳ぐ・寝（ね）る・走る・帰る・貸す　など（動詞）

例 美しい・からい・優（やさ）しい　など（形容詞）、静かだ・見事だ　など（形容動詞）

◆**動詞の形**

動詞は、あとに続く語によって、単語の語尾が変わる。ただし、「走り」や「動き」などのように、主語になることができるものは動詞ではなく、名詞（転成名詞という）である。

例 彼（かれ）らの**走り**はすばらしい。

→「走り」は、動詞「走る」とは性質が異なる。

**くわしく**

●名詞の種類

名詞は、大きく五つの種類に分けられる。（※二年生学習内容）

| 普通（ふつう）名詞 | 一般的（いっぱんてき）な物事の名前。 例 太陽 |
|---|---|
| 固有名詞 | 人名・地名など、一つしかないものの名前。 例 東京 |
| 数詞 | 数や量、順番など。 例 一位 |
| 形式名詞 | 補助的・形式的に置かれているもの。 例 好きなことをする。 |
| 代名詞 | 人や物事の名前の代わりに使う。 例 私 |

**ミス注意！**

◆「連体修飾語」と「連用修飾語」 ➜P.7

連体詞は名詞（＝体言）を修飾するので、連体修飾語になる。

副詞は、主に動詞・形容詞・形容動詞（＝用言）を修飾するので、連用修飾語になる。

STEP 2 基本問題

テスト5日前から確認！

別冊解答 P・2

得点　／100点

1 次の各文から、①自立語、②付属語、③活用する語、④活用しない語にあてはまる単語を、それぞれすべて抜き出しなさい。（完答各2点）

(1) 山の空気はおいしい。
①　②　③　④

(2) 五時になるまで待たないか。
①　②　③　④

2 次の各文の――線部の品詞名をあとのア～ウから一つ選び、それぞれ記号で答えなさい。（各2点）

(1) 空を雲がゆっくりと流れる。
(2) 寒い日には、息が白くなる。
(3) 穏やかな海がはてしなく続く。

ア 動詞　イ 形容詞　ウ 形容動詞

3 次の各文の――線部の品詞名を答えなさい。（各4点）

(1) アマゾン川にはピラニアがいる。
(2) 風船がふわふわ飛んでいる。
(3) 会議で重要な話をする。
(4) 近くのプールに遊びに行く。
(5) 重い荷物を遠くまで運ぶ。
(6) そのボールを使って遊ぼう。
(7) 文字を書かなくても伝えられる。
(8) あの選手がそろそろ復帰するそうだ。
(9) お茶かまたはコーヒーはいかがですか。
(10) はい、その日は予定がありません。

4 次の各文の――線部の単語について、体言にはア、用言にはイ、どちらでもない場合はウを答えなさい。（各3点）

(1) 母に赤い花をプレゼントした。
(2) とても良い天気だ。でも、冷たい風が吹いている。
(3) 放課後、私は図書館に勉強しに行きます。
(4) 妹は目をこすりながら、おはようと言った。
(5) 授業の始まりを告げるチャイムが鳴った。
(6) 彼は、とても立派な成績を残した。

5 次の各文の――線部の名詞の種類を答えなさい。（各4点）

(1) 母に頼まれて、おつかいに出かけた。
(2) 家族旅行で琵琶湖を散策した。
(3) 目的を見失わないのは、大切なことだ。
(4) こちらの男性が田中さんです。
(5) 仏の顔も三度まで。

STEP 3

# 得点アップ問題

テスト3日前から確認!

別冊解答 P.2

得点 ／100点

**1** 次の文章を読んで、あとの問いに答えなさい。（各20点）

人が言葉を話すというのは、考えてみれば不思議なことだ。伝えたい内容が頭の中にあって、それを言葉にして相手に届ける。①すると、自分が伝えたいと思っていることを相手は言葉から読み取ろうとする。非常に複雑なことをしているようだけれども、私たちは毎日、②このやりとりを数え切れないほどくり返している。

しかし、人と人とのコミュニケーションは、言葉に限ったことでは③ない。昔誰かと何かを話したということは覚えていても、そのとき何を話したのか、くわしいことは忘れてしまっている場合がある。それでも、たしかとても楽しく話していた、という雰囲気を記憶していて、思い出していい気分になったりする。

何かを伝えたいと思ったとき、伝えようとする④熱心さが相手の心を動かす⑤ことがある[ア]。相手が誰であれ、初対面なら、いい印象を持ってもらえるかどうかで、言葉[イ]が相手の心に響くかどうかが決まってしまうこともある。だから、「伝える」こととは直接関係がないようにも思える、さりげない[ウ]挨拶がコミュニケーションの大切[エ]な要素になっているのではないだろうか。

(1) ――線①「すると」と同じ品詞の単語を、本文中から三つ抜き出しなさい。（完答）

［　　］［　　］［　　］

入試に出る!

(2) ――線②「この」と同じ品詞を含む文を次のア～エから一つ選び、記号で答えなさい。

ア なぜ星はまたたくのか、ふと不思議に感じた。
イ きっときみには、明るい未来が待っている。
ウ スーパーでベーコンとほうれん草を買った。
エ あらゆる手段を講じ、目標を達成しようとした。

［　　］

(3) ――線③「ない」と同じ品詞を含む文を次のア～エから一つ選び、記号で答えなさい。

ア あわてて風呂に入ったら、とても熱かった。
イ はじめから、だいたい結果はわかっていた。
ウ 図書館には数え切れないほどの本がある。
エ はい、私が太郎の父親です。

［　　］

(4) ――線④「熱心さ」と同じ品詞を、本文中の～～線ア～エから一つ選び、記号で答えなさい。

［　　］

(5) ――線⑤「こと」の説明として正しいものを次のア～エから一つ選び、記号で答えなさい。

ア 一般的なものの名前を表す普通名詞である。
イ 特定のものの名前を表す固有名詞である。
ウ ものを指し示す役割をもつ代名詞である。
エ 補助的・形式的に置かれている形式名詞である。

［　　］

# 4 活用とは・自立語／付属語

## STEP 1 要点チェック

### 1 活用とは 必ずチェック ↓P.14

自立語・付属語ともに、ほかの語につくときに、語尾(ごび)が変化する単語がある。このように単語の語尾が変化することを**活用**という。活用するかどうかをもとに、単語を分類することができる。

例 「話す」＋「ない」→「**話さ**ない」／「美しい」＋「ない」→「**美しく**ない」

### 2 自立語／付属語 ↓P.14

| | | | |
|---|---|---|---|
| 自立語 | ・それだけで意味がわかる。<br>・それだけで文節を作ることができる。 | 活用する<br>動詞・形容詞・形容動詞 | 例 集める（動詞）<br>美しい（形容詞）<br>元気だ（形容動詞） |
| | | 活用しない<br>名詞・副詞・連体詞・接続詞・感動詞 | 例 学校（名詞）、すっかり（副詞）、いかなる（連体詞）、だが（接続詞）、もしもし（感動詞） |
| 付属語 | ・それだけでは意味がわからない。<br>・自立語のあとにつくことで言葉としての意味をもつ。 | 活用する<br>助動詞 | 例 ます、ようだ |
| | | 活用しない<br>助詞 | 例 も、まで、へ、よ |

**くわしく**

●活用と音便(おんびん)

動詞を活用する際、発音しやすいように原則以外の変化をするものがある。これを音便という。音便には次の三種類がある。

・イ音便…変化後の音が「イ」である音便。
例「書く」→「書**い**て」

・撥音便(はつおんびん)…変化後の音が「ン」である音便。
例「飛ぶ」→「飛**ん**で」

・促音便(そくおんびん)…変化後の音が「ッ」である音便。
例「終わる」→「終わ**っ**て」

**よくでる 文節と自立語**

文節は、一つの自立語と、いくつかの付属語で構成される。一つの文節に自立語が必ず一つだけあるため、文節を区切る際の目安にもなる。これに対し、付属語は一つの文節に複数ある場合も、まったくない場合もある。

◆**接続詞の種類**

接続詞はその前後がどのように結びついているかを示しており、結びつき方を表す単語である。「逆接」「説明・補足」など、用語を覚えておこう。

| | 品詞 | 自立語／付属語 | 活用の有無（うむ） | 文の成分 その他の性質 |
|---|---|---|---|---|
| 体言 | 名詞 | 自立語 | 活用しない | ・主語になることができる。 |
| 用言 | 動詞 | 自立語 | 活用する | ・述語になることができる。<br>・言い切りの形がウ段の音で終わる。 |
| 用言 | 形容詞 | 自立語 | 活用する | ・述語になることができる。<br>・言い切りの形が「い」で終わる。 |
| 用言 | 形容動詞 | 自立語 | 活用する | ・述語になることができる。<br>・言い切りの形が「だ」・「です」で終わる。 |
| | 副詞 | 自立語 | 活用しない | ・修飾語（しゅうしょくご）になる。<br>・主として用言を修飾する（＝連用修飾語）。<br>・前後のつながりによって働きが変わる。 |
| | 連体詞 | 自立語 | 活用しない | ・修飾語になる。<br>・体言だけを修飾する（＝連体修飾語）。 |
| | 接続詞 | 自立語 | 活用しない | ・接続語になる。<br>・文と文や語と語などをつなぐ働きをする。 |
| | 感動詞 | 自立語 | 活用しない | ・独立語になる。<br>・感動・呼びかけ・応答などの意味を表す。 |
| | 助動詞 | 付属語 | 活用する | ・ほかの活用する語のあとについて意味を付け加えたり、話し手・書き手の判断を表したりする。 |
| | 助詞 | 付属語 | 活用しない | ・語と語の関係を表したり、意味を付け加えたりする。 |

## 定期テストのポイント

**■使い方がまぎらわしい単語①** ➡P.27

◆「ある」

①存在の「ある」（動詞）

→「存在する」と言い換（か）えられる。

②物事の様態を表す「ある」（補助動詞）

→「～てある・～である」の形。

③不特定のものを表す「ある」（連体詞）

→後ろが名詞のもの。

◆「だ」

①断定の「だ」（助動詞）

例 これはぼくの本だ。

②過去の「だ」（助動詞）

例 昨日は学校を休んだ。

③形容動詞の一部

例 窓から見える風景はすてきだ。

→「とても」を補って意味が通じるもの。

### くわしく

**●自動詞と他動詞**

動詞には、主語の動作や作用を表す自動詞と、主語がほかのものに動作や作用を表す他動詞とがある。

例「開く」と「開ける」

・戸が開く。

→「開く」は、主語である「戸」の動作を表しているので、自動詞。

・戸を開ける。

→「開ける」は、主語（ここでは省略）が「戸」に及（およ）ぼしている動作を表しているので、他動詞。

STEP 2

# 基本問題

テスト5日前から確認！

別冊解答 P.2

得点　／100点

## 1

次の各文の――線部の単語から自立語をすべて選び、①活用するもの、②活用しないもの、に分けて記号を答えなさい。（完答各5点）

(1) ア明日 イの ウ正午 エに オは、 カまた キここ クに ケ来 コよう。

①［　］②［　］

(2) アわから イない ウ問題 エを オ必ず カ理解し キなけれ クば ケと コ思っ サた。

①［　］②［　］

(3) ア一日 イの ウ計画 エも オ立て カない キで、 ク行動し ケて コいる サ人 シが スいる。

①［　］②［　］

(4) ア毎日 イの ウ授業 エで オは、 カ多く キの クこと ケを コ教え サられる。

①［　］②［　］

## 2

次の各文の――線部から付属語をすべて選び、記号を答えなさい。（各4点）

(1) ア何 イと ウ書い エた オの カか、 キ彼女（かのじょ） クに ケも コわから サない シようだ。［　］

(2) ア彼（かれ） イは ウ鉛筆（えんぴつ） エで オきれいな カ絵 キを ク描く（か）。［　］

(3) アあなた イが ウ言う エような オ話 カが キ事実 クで ケある コこと サは シない。［　］

## 3

次の各文の――線部の単語について、活用するものには○、活用しないものには×を書きなさい。（各4点）

(1) 空に雲がぽっかりと浮かぶ（う）。［　］

(2) 赤い電車が通り過ぎていった。［　］

(3) 私は料理が得意です。［　］

(4) まさか彼女が来るとは思わなかった。［　］

(5) すてきなプレゼントをありがとう。［　］

(6) あるところにおじいさんがおりました。［　］

(7) ああ、すっかり忘れていた。［　］

(8) 次は別の方法を試（ため）してみよう。［　］

(9) 電話をかけた。やはり、電話口に出たのは彼だった。［　］

(10) 私は本とノートをかばんに入れた。［　］

## 4

次の動詞はどの種類の音便（おんびん）になるか。あとのア～ウから選び、それぞれ記号で答えなさい。（各4点）

(1) 読む［　］

(2) 咲（さ）く［　］

(3) 待つ［　］

(4) 転ぶ［　］

ア イ音便　イ 撥音便（はつおんびん）　ウ 促音便（そくおんびん）

## 5

次の各文の〈　〉内の動詞を、［　］に当てはまるように活用させなさい。（各3点）

(1) 廊下（ろうか）は［　］ないようにしましょう。〈走る〉

(2) ［　］駅を、前もって教えてください。〈降りる〉

(3) これからアンケート用紙を［　］ます。〈集める〉

(4) もっと早く［　］ばよかったのに。〈来る〉

# STEP 3 得点アップ問題

テスト3日前から確認!

別冊解答P.3

得点 ／100点

**1** 次の文章を読んで、あとの問いに答えなさい。

①夏休みの宿題に作文が出た。身近なニュースについて、自分の②考えを書きなさい、と先生はおっしゃった。

③私は困ってしまった。近頃(ちかごろ)は部活動が忙(いそが)しく、ニュースを見る時間も新聞を読む時間もなかった。ａだから、最近どのようなことがニュースで取り上げられているのかさえ、よく知らなかったからだ。

私はまず、図書館で過去の新聞記事にどのようなものが④あるのか、縮刷版を読んでみることにした。はじめは言葉がｂ難しく感じられた。しかし、過去にさかのぼって記事を読んでいくうちに、見出しから記事の内容が⑤だいたいわかるようになってきた。

その中で、私は自分の住む町の駅にエレベーターが設置されたという記事を見つけた。そういえば先月、駅にエレベーターが設置されたばかりだ。体の不自由な方々や高齢者(こうれいしゃ)に配慮(はいりょ)して、エレベーターを新たに設置したと記事に書かれていた。私はこのことについて作文を書くことに決めた。

ｃ身近なことでも、調べてみなければわからないことは多い。これからは、時間を見つけて毎日ｄ少しずつ⑥新聞を読みたいと思った。

よくでる
(1) ——線①「夏休みの宿題に作文が出た」の中から、自立語と付属語をすべて抜き出(ぬ)しなさい。(完答各15点)

自立語［　　］

付属語［　　］

(2) ——線②「考え」という単語の説明として正しいものを次のア～エから一つ選び、記号で答えなさい。(10点)

ア 動詞「考える」が名詞に変化したもので、自立語である。
イ 動詞「考える」が名詞に変化したもので、付属語である。
ウ 動詞「考える」が活用したもので、自立語である。
エ 動詞「考える」が活用したもので、付属語である。

［　　］

(3) ——線③「困っ」を言い切りの形に直しなさい。また、音便(おんびん)の種類をあとのア～ウから選び、記号で答えなさい。(各10点)

言い切りの形［　　］　音便の種類［　　］

ア イ音便　イ 撥音便(はつおんびん)　ウ 促音便(そくおんびん)

入試に出る!
(4) ——線④「ある」と同じ意味・用法の「ある」を次のア～エから一つ選び、記号で答えなさい。(10点)

ア 以上が、この事件についての手がかりのすべてである。
イ 読んでおきたい本だけでも数百冊以上はある。
ウ 彼は三年前、ある国へ旅行に出かけた。
エ 机の上には消しゴムがひとつ置いてある。

［　　］

(5) ——線⑤「だいたい」と同じ品詞の単語を本文中の～～～線ａ～ｄから一つ選び、記号で答えなさい。(10点)［　　］

(6) ——線⑥「新聞を読みたいと思った」から自立語をすべて選びなさい。ただし、活用する語は言い切りの形に直し、活用しない語はそのまま抜き出しなさい。(完答20点)

［　　］

# 5 用言の活用

## STEP 1 要点チェック

### 1 動詞の活用 おぼえる! （動詞とは➡P.19へ）（活用とは➡P.18へ）

❶ 活用形

動詞は、用いられ方によって**六種類**の活用形がある。

◆**未然形**…「ない」「う・よう」「れる・られる」などに続く形。 例 書かない・見よう

◆**連用形**…「ます」「た」などに続く形。 例 書きます・見た

◆**終止形**…言い切る形。 例 書く・見る

◆**連体形**…体言（名詞）に続く形。 例 書くこと・見るもの

◆**仮定形**…助詞「ば」に続く形。 例 書けば・見れば

◆**命令形**…命令の意味で言い切る形。 例 書け・見よ／見ろ

❷ 活用の種類

動詞は、その活用のしかたから、**五種類**に分けることができる。

| 活用の種類 | 見分け方 | 例 |
|---|---|---|
| 五段活用 | 「ない」を続けた未然形が「ア段」で終わる。 | 書く・話す |
| 上一段活用 | 「ない」を続けた未然形が「イ段」で終わる。 | 起きる・見る |
| 下一段活用 | 「ない」を続けた未然形が「エ段」で終わる。 | 食べる・教える |
| カ行変格活用（カ変） | 「来る」一語のみ。 | 来る |
| サ行変格活用（サ変） | 「する」または「～する」。 | する・勉強する |

**くわしく**

●動詞の活用形の見分け方

動詞の活用形を見分けるときは、あとに続く言葉を覚えておくとよい。

例「起きた」の活用形

→「た」に続くので連用形。

**よくでる** 動詞の活用形と語幹

動詞が活用するとき、変化しない部分を語幹という。また、変化する部分を活用語尾(かつようごび)という。

例「書く」…語幹「か」

| 語幹 | 未然形 | 連用形 | 終止形 | 連体形 | 仮定形 | 命令形 |
|---|---|---|---|---|---|---|
| か（書） | か<br>こ | き<br>い | く | く | け | け |
| あとに続く言葉 | ない<br>う | ます<br>た | （言い切る） | こと<br>とき<br>（体言） | ば | （命令する） |

◆**活用の種類の見分け方**

① 「来る」は力変、「(～)する」はサ変。

② ①に当てはまらない場合は、「～ない」を続けて未然形を作る。

③ 未然形の語尾の音が「ア段」「イ段」「エ段」のいずれで終わっているかを見分ける。ア段…五段活用、イ段…上一段活用、エ段…下一段活用となる。

・行く…行か(ア段)ない＝五段活用

・生きる…生き(イ段)ない＝上一段活用

・答える…答え(エ段)ない＝下一段活用

◆**可能動詞**

一単語で可能の意味を表す動詞を可能動詞という。元になる動詞は五段活用だが、可能動詞は下一段活用である。

例 走る（五段活用）

走れる（下一段活用）

## 2 形容詞の活用 おぼえる！ （形容詞とは⬇P.19へ）

形容詞は**すべての単語が同じ活用**のしかたをする。

例 「美しい」の活用

| 基本形 | 語幹 | 活用語尾 未然形 | 連用形 | 終止形 | 連体形 | 仮定形 | 命令形 |
|---|---|---|---|---|---|---|---|
| 美しい | うつくし | かろ | かっ<br>く<br>（う） | い | い | けれ | ○ |
| あとに続く言葉 | | う | た<br>ない<br>なる<br>ございます | （言い切る） | ので<br>とき<br>（体言） | ば | ○ |

## 3 形容動詞の活用 おぼえる！ （形容動詞とは⬇P.19へ）

形容動詞は**すべての単語が同じ活用**のしかたをする。

例 「静かだ」の活用（終止形が「だ」で終わる場合）

| 基本形 | 語幹 | 活用語尾 未然形 | 連用形 | 終止形 | 連体形 | 仮定形 | 命令形 |
|---|---|---|---|---|---|---|---|
| 静かだ | しずか | だろ | だっ<br>で<br>に | だ | な | なら | ○ |
| あとに続く言葉 | | う | た<br>ない<br>なる | （言い切る） | ので<br>とき<br>（体言） | ば | ○ |

**ミス注意！**

◆**活用形を利用した形容詞とほかの品詞の識別**

形容詞とそれ以外の品詞とを区別する場合、活用形に当てはまる形でなければ形容詞ではないことが判断できる。

例 「白さ」

→形容詞の活用形に「さ」の形がないことから、形容詞ではないことがわかる。

◆**動詞・形容詞・形容動詞**

一年生で学習した品詞分類表とあわせて、ここでの学習内容を確認しておこう。（品詞分類表とは⬇P.15へ）

◆**動詞・形容詞・形容動詞に共通すること**

・活用のある自立語で、用言である。（用言とは⬇P.15へ）

・活用形がある。

◆**動詞・形容詞・形容動詞に共通しないこと**

動詞
・主に動作を表す。
・終止形がウ段で終わる。
・活用の種類がある。

形容詞
・性質や状態を表す。
・終止形が「い」で終わる。

形容動詞
・性質や状態を表す。
・終止形が「だ」「です」で終わる。

STEP 2

# 基本問題

テスト5日前から確認!

別冊解答 P.3

得点 /100点

**1** 次の各文の――線部の動詞の活用形と活用の種類を答えなさい。（完答各5点）

(1) ようやく事故の原因を知ることができた。
活用形［　　］活用の種類［　　］

(2) 氷山がすべてとければ、海面はかなり上昇するだろう。
活用形［　　］活用の種類［　　］

(3) 前を見ずに歩くと危ないよ。
活用形［　　］活用の種類［　　］

(4) あと二人が、まだ来ていません。
活用形［　　］活用の種類［　　］

**2** 次の各文の――線部の用言の活用形を書き、終止形にしなさい。（完答各5点）

(1) よく食べてよく眠れ。
活用形［　　］終止形［　　］

(2) お土産のみかんは、おいしくいただきました。
活用形［　　］終止形［　　］

(3) その道具はとても便利だろう。
活用形［　　］終止形［　　］

(4) よろしければ、召しあがってください。
活用形［　　］終止形［　　］

(5) 入学式でのあいさつが、とても立派だった。
活用形［　　］終止形［　　］

**3** 次の各文の〈　〉内の用言を、［　］に当てはまるように活用させなさい。（各5点）

(1) プールサイドで［　　］ことはよくない。〈走る〉

(2) 天気が［　　］ば、散歩をしよう。〈穏やかだ〉

(3) ひきょうなことを［　　］ず、堂々と戦う。〈する〉

(4) 探してみたが、どこにも［　　］た。〈ない〉

(5) この動物は涼しく［　　］場所を好む。〈静かだ〉

(6) ［　　］話を聞いた。〈不思議だ〉

(7) 食事が［　　］ば、ホテルの評価が上がる。〈おいしい〉

**4** 次の各文について、正しいものには○を、間違っているものには×を書きなさい。（各5点）

(1) 動詞「練習する」の未然形は「練習し（ない）」である。よって、「イ段」で終わることから「練習する」の活用の種類は上一段活用である。［　　］

(2) 動詞「飛ぶ」の未然形は「飛べ（ない）」である。よって、「エ段」で終わることから「飛ぶ」の活用の種類は下一段活用である。［　　］

(3) 形容詞「おとなしい」と「うるさい」は、どちらも未然形は「〜かろ」という形になり、仮定形は「〜けれ」という形になる。［　　］

(4) 形容動詞は、動詞や形容詞と違って、終止形と連体形とで活用語尾が異なる。［　　］

STEP 3

# 得点アップ問題

テスト3日前から確認!

別冊解答P.3

得点 ／100点

## 1 次の文章を読んで、あとの問いに答えなさい。（各10点）

「正直は一生の宝だ」といわれるが、こういう言葉が教訓として①用いられるということは、②正直に生きていくことがいかに③困難であるかを示している。「正直」は「ア素直で正しいこと」という意味である。人間は元来イ欲張りな生き物なので、「正直」という枠の中に収まり続けるのは不可能に近いのではあるまいか。

とはいえ、「正直」に生きていこうという意思をウ大事にすることは、それ自体が重要である。私の祖父は、話し方はエ乱暴だったが、正直者だったので、仲の④よい友人が多かった。

(1) ——線①「用い」という動詞の活用形と活用の種類を答えなさい。

活用形［　　］　活用の種類［　　］

(2) ——線②「正直に」は形容動詞である。この未然形と仮定形を答えなさい。

未然形［　　］　仮定形［　　］

(3) ——線③「困難で」と異なる活用形の形容動詞を、文章中の〰〰線ア〜エから一つ選び、記号で答えなさい。［　　］

(4) ——線④「よい」という形容詞の活用形を答えなさい。［　　］

## 2 次の文章を読んで、あとの問いに答えなさい。（各10点）

急に坂がきつくなった。そこを①登ればゴールだ。頂上へとたどり着いた生徒たちを、②さわやかな風が③むかえる。

「直ちに集合!」

先生が大声でア叫んだ。パノラマのように広がった景色にイ見とれている生徒たちは、先生の指示にウ素直にエ従うつもりはなさそうだ。風はさほど強くない。苦労して山頂にたどり着いた分、彼らは、景色を楽しむことは当然の権利だと考えている。

難 (1) ——線①「登れ」、——線②「さわやかな」、——線③「むかえる」と同じ活用形のものを次のア〜カから一つずつ選び、それぞれ記号で答えなさい。

ア　あなたと争う気はない。
イ　覚えた内容をノートにまとめる。
ウ　ここは私に任せて先に行け。
エ　来る前に電話をしてください。
オ　前回の優勝校は強かろう。
カ　不安ならば、もう一度試しなさい。

①［　　］　②［　　］　③［　　］

入試に出る! (2) 〰〰線ア「叫ん」、〰〰線イ「見とれ」、〰〰線ウ「素直に」、〰〰線エ「従う」の中で、ほかと活用形が異なっているものを一つ選び、記号で答えなさい。［　　］

# 6 付属語の種類

## STEP 1 要点チェック

テスト1週間前から確認!

### 1 助動詞の種類 おぼえる!

(助動詞とは➡P.19へ)

助動詞は、その意味によって分類することができる。

**主な助動詞の例**

| 助動詞 | 意味 | 例 |
|---|---|---|
| ❶ れる・られる | 受け身・可能<br>尊敬・自発 | ・妹に笑われる。(受け身)・たくさん食べられる。(可能)<br>・社長が話される。(尊敬)・昔のことが思い出される。(自発) |
| ❷ せる・させる | 使役 | ・母が弟をおつかいに行かせる。 |
| ❸ たい・たがる | 希望 | ・将来は医者になりたい。 |
| ❹ ない・ぬ(ん) | 否定(打ち消し) | ・私は知らない。 |
| ❺ う・よう | 推量・意志<br>勧誘 | ・新しい生活は楽しかろう。(推量)・練習しよう。(意志)<br>・みんなで協力しようよ。(勧誘) |
| ❻ た | 過去・完了<br>存続・想起 | ・昨日は早く起きた。(過去)・今、雨があがった。(完了)<br>・帽子をかぶった人がいる。(存続)・これは君のでしたね。(想起) |
| ❼ ます | 丁寧 | ・来週、遠足に行きます。 |
| ❽ らしい | 推定 | ・彼は有名人らしい。 |
| ❾ ようだ・ようです | 推定・比喩 | ・彼女は明日も忙しいようだ。(推定)<br>・まるで子どものようだ。(比喩) |
| ❿ そうだ・そうです | 推定・様態<br>伝聞 | ・雨が降りそうだ。(推定・様態)<br>・夜は雨が降るそうだ。(伝聞) |

**よくでる 助動詞の意味の識別**

複数の意味をもつ助動詞は、文中での意味の違いがよく出題される。

❶ れる・られる
「受け身」は、「〜によって」を補うことができ、その人が行為を受ける側である場合に用いる。「可能」は「〜できる」、「尊敬」は「〜なさる」、「自発」は意識することなく自然と、という意味。

❺ う・よう
「推量」は、推し量ること。「意志」は、主に自分の行為についてこれから行いたいということ。「勧誘」は、これから行うことを周囲の人に働きかけること。

❻ た
「過去」は、昔はそうであったが現在は異なること。「完了」は、たった今終わったということ。「存続」は、今もなお続いていること。

❾ ようだ・ようです
「推定」は、「どうやら」を補うことができる。「比喩」は、実際にはそうではないが、まるでそうであるかのようだということ。

❿ そうだ・そうです
「様態」は目で見たことを、「伝聞」は人から聞いたことを表す。

## 2 助詞の識別 おぼえる！

（助詞とは→P.19へ）

助詞は、その用法によって四種類に分類される。

### ❶ 格助詞

活用のない語（主に体言）について、文節と文節の関係を表す。

「が」「に」「を」「で」「の」「と」「へ」「や」「から」「より」の十語とされることが多い。

### ❷ 接続助詞

活用のある語について、前後の文節や連文節をつなぐ働きをする。

「ば」「と」「ても」「ので」「から」「て」「けれど」「が」「ながら」「し」「たり」など。

◆接続助詞の働きの例
・仮定の順接　例　頑張れば、合格できる。
・仮定の逆接　例　雨が降っても大会は開催される。

### ❸ 副助詞

さまざまな語について意味を添える。

「は」「も」「こそ」「か」「さえ」「でも」「しか」「やら」「ほど」「くらい」「だけ」など。

◆副助詞の働きの例
・限定　例　このことだけは言っておくよ。
・強調　例　あなたこそ委員長にふさわしい。
・程度　例　一時間ほど待っていた。

### ❹ 終助詞

多くの場合、文の最後につき、話し手や書き手の気持ちを表す。

「な」「か」「の」「よ」「ぞ」「とも」「ね（ねえ）」「わ」「さ」など。

◆終助詞の働きの例
・禁止　例　危ないからさわるな。
・疑問　例　なぜ宇宙は誕生したのだろうか。

**くわしく**

助詞の種類の名称は、それぞれの性質を短く言い表したものなので、性質と関連させて覚えておくとよい。

①文中での資格を表す。
→格助詞
②前後の意味の接続関係を表す。
→接続助詞
③副詞のような連用修飾語として意味を添える。
→副助詞
④文の終わりにつく。
→終助詞

**定期テストのポイント**

■使い方がまぎらわしい単語② →P.19

◆「で」
①形容動詞の活用語尾
→「で」を「だ」に置き換えられ、「とても」が補える。
例　彼はとても冷静である。
②助動詞「そうだ」「ようだ」の一部
→「で」を「だ」に置き換えられ、前に「そう」、または「よう」がある。
例　まもなく嵐が来るそうである。
③断定の助動詞「だ」の連用形
例　次の授業は国語である。
④格助詞「で」→体言＋「で」
例　自転車で駅へと向かう。
⑤接続助詞「で」→用言など活用のある語＋「で」
例　急いで学校へ行く。

◆「に」
①形容動詞の活用語尾
→「に」を「だ」に置き換えられ、「とても」が補える。
例　教室がとても静かになった。
②助動詞「そうだ」「ようだ」の一部
→「に」を「だ」に置き換えられ、前に「そう」、または「よう」がある。
例　光のように速い列車。
③副詞の一部
→「に」をほかの語に置き換えられない。
例　昨日はろくに寝ていない。
④格助詞「に」→体言＋「に」
例　偶然、友だちに会った。

STEP 2

# 基本問題

テスト 5日前 から確認!

別冊解答 P.3

得点 ／100点

## 1

次の各文の助動詞の表す意味をあとから選び、それぞれ記号で答えなさい。（各4点）

(1)
A 私は毎朝早く起きられる。
B 祖父のことが案じられる。
C 運動会には多数の来賓が来られる。
D 料理がおいしいとほめられる。

ア 受け身　イ 自発　ウ 可能　エ 尊敬

(2)
A 気晴らしに、一緒に映画でも見ようよ。
B たまには家の手伝いでもしようかな。
C こんなことになると、誰が予測できようか。

ア 推量　イ 意志　ウ 勧誘

(3)
A ようやく宿題が終わった。
B さっき、水をたくさん飲んだ。
C 制服を着た人がたくさんいる。
D 今日は君の誕生日だったね。

ア 過去　イ 完了　ウ 存続　エ 想起

(4)
A 彼女も甘いものが好物のようだ。
B 一面に広がる海は鏡のようだ。

ア 比喩　イ 推定

## 2

次の各文の助詞の表す意味をあとから選び、それぞれ記号で答えなさい。（各4点）

(1)
A 電車が終点に着いた。
B 友だちに本を貸した。
C 工場見学に行く。
D 弟に宿題をさせる。
E 異常な暑さにすっかり参った。

ア 使役の対象　イ 目的　ウ 帰着点　エ 相手　オ 原因・理由

(2)
A 空と海の境目が見える。
B 妹とけんかしてもしかたがない。
C 雲だと思ったのは勘違いだった。
D すべては水の泡となった。

ア 動作の相手　イ 並立　ウ 引用　エ 結果

(3)
A この問題は、小学生でさえ解ける。
B やりさえすれば、結果はどうでもよい。
C 最後の望みさえなくなってしまった。

ア 類推　イ 限定　ウ 添加

# STEP 3 得点アップ問題

テスト3日前から確認!

別冊解答P・4

得点 ／100点

**1** 次の文章を読んで、あとの問いに答えなさい。

「遠くの親戚(しんせき)より①近くの他人」という言葉がある。いざというときに頼(たよ)れる②のは、離(はな)れて住んでいる親戚よりも、近所に住んでいる他人である③と④いう意味だが、またこの言葉は、血縁(けつえん)を超(こ)えた人間関係が重要視されるようになった(ア)現代社会の事情を反映しているともいえる。

そのような中で重要なのは、近所の人たちとどれだけコミュニケーションをとれる(イ)か、ということである。ふだんから多く会話をしていればしているほど、とっさのときに助け合えるものだと思われる(ウ)。

道ですれ違(ちが)うときの、「どちらへ行かれる(エ)のですか。」「ちょっとお買い物に⑤出かけてきます。」というような、ささいに見えるやりとりが⑥、実は非常に大切なのであろう。

よくでる
(1) ——線①「より」と文法的に同じ意味・用法で用いられているものを次のア〜エから一つ選び、記号で答えなさい。(15点)

ア あのときは、我慢(がまん)するよりほかはなかった。
イ 一時より三時まで、体育館で説明会が行われる。
ウ 夏休みの宿題は明日より今日しよう。
エ 京都より転校してきました。

[　　　]

(2) ——線②「れる」と文法的に同じ意味・用法の「れる」を、文章中の〜〜線ア〜エから一つ選び、記号で答えなさい。(15点)

[　　　]

(3) ——線③「で」と同じ品詞のものを次のア〜エから一つ選び、記号で答えなさい。(15点)

ア 子犬はとても素直(すなお)でかわいい。
イ 電車を降りたあとはバスで目的地に向かう。
ウ 向こう岸から泳いでくるのは誰(だれ)だろう。
エ 目的地は海でなく山だ。

[　　　]

入試に出る!
(4) ——線④「と」と文法的に同じ意味・用法で用いられているものを次のア〜エから一つ選び、記号で答えなさい。(15点)

ア 雨は降らないと思う。　イ ヤゴは成長してトンボとなる。
ウ 兄と買い物に出かける。　エ ライバルと競(きそ)い合う。

[　　　]

(5) ——線⑤「に」と文法的に同じ意味・用法で用いられているものを次のア〜エから一つ選び、記号で答えなさい。(20点)

ア クラスメートに笑われる。　イ はずかしさに顔が熱くなる。
ウ 迷路(めいろ)の出口にたどり着く。　エ サッカー観戦に行く。

[　　　]

(6) ——線⑥「が」と文法的に同じ意味・用法で用いられているものを次のア〜エから一つ選び、記号で答えなさい。(20点)

ア その人が、担任の先生だ。　イ 暑いが、風は涼(すず)しい。
ウ 会議の件だが、私は欠席する。　エ 弟もいるが、妹もいる。

[　　　]

# 7 文の係り受け・呼応の副詞

STEP 1 要点チェック

## 1 文の係り受け

一定の規則で、文節や連文節が組になることを**係り受け**という。一年生で学習した「文節どうしの関係」は、この係り受けの関係を表したものである。（文節どうしの関係とは➡P.10へ）

文を書くときは、係り受けが適切になることを心がけると、伝えたいことを読み手に正しく伝えることができる。

**確認** 適切な文の係り受けと、誤用の例

| 文節どうしの関係 | 誤用例 | 正しい文例 |
|---|---|---|
| 主・述の関係 | ぼくは、山口君なら来週のテストで一〇〇点を取るだろう。<br>➡――部に対する述語の係り受けが不適切 | ぼくは、山口君なら来週のテストで一〇〇点を取るだろうと思う。 |
| 修飾・被修飾の関係 | 父は楽しそうにボールを蹴る妹を見ていた。<br>➡――部が何を修飾しているかあいまい | 父は、楽しそうにボールを蹴る妹を見ていた。（楽しそうなのは妹） |
| 接続の関係 | 午後から雨が降るそうなので、傘を持たずに出かけよう。<br>➡――部を受ける連文節の係り受けが不適切 | 午後から雨が降るそうだが、傘を持たずに出かけよう。 |

**文節どうしの関係**

文は、文節どうしが関係をもつことで組み立てられる。文節どうしの関係には、次の六種類がある。

|  |  |
|---|---|
| 主・述の関係 | 文節どうしが主語と述語の関係になっている。 |
| 修飾・被修飾の関係 | 修飾語と被修飾語によって成り立っている。 |
| 並立の関係 | 二つ以上の文節が対等の資格で並ぶ。 |
| 補助の関係 | 下の文節がすぐ上の文節の意味を補う。 |
| 接続の関係 | 接続語とそれを受ける文節の関係。 |
| 独立の関係 | ほかの文節と関係をもたない文節と、ほかの文節の関係。 |

◆**読点の位置によって文意が変わる場合**

上段の「修飾・被修飾の関係」に挙げている文は、読点を打つ位置を変えると、左の**例**のようにも解釈できる。伝えたい内容が正しく伝わるように、読点の位置にも気をつけよう。

**例** 父は楽しそうに、ボールを蹴る妹を見ていた。（楽しそうなのは父）

## 2 呼応の副詞

文節どうしの関係のうち、修飾・被修飾の関係において、修飾語に用いる副詞によって被修飾語が制限を受けるものがある。このような副詞を、呼応の副詞という。

◆主な呼応の副詞の種類 必ずチェック

| 種類 | 例 | 呼応 |
| --- | --- | --- |
| 否定 | 例 決して・全く・全然・少しも | 「〜ない」などと呼応 |
| 推量 | 例 たぶん・おそらく・もしかしたら・あるいは | 「〜だろう」「〜かもしれない」などと呼応 |
| 推定・たとえ 例示 | 例 どうやら・いかにも・さも・まるで・あたかも | 「〜ようだ／〜みたいだ」などと呼応 |
| 完了(かんりょう) | 例 もう・すでに・とっくに・いまや | 「〜た」などと呼応 |
| 仮定 | 例 もし（も）・仮に・たとえ | 「〜たら／〜ば／〜なら／〜ても（でも）」などと呼応 |
| 疑問・反語 | 例 なぜ・どうして | 「〜か」などと呼応 |

◆**副詞の種類**

副詞は、意味によって三種類に分類される。呼応の副詞以外には、状態の副詞と程度の副詞がある。

・状態の副詞…主に用言がどのような状態であるのかをくわしく説明する。

例 空が どんよりと くもる。

・程度の副詞…主に用言が示す動作や状態の程度をくわしく説明する。

例 体の 具合が かなり 良い。

STEP 2 基本問題

テスト5日前から確認!

得点 /100点

別冊解答P・4

1 次の各文を、（　）内の指示にしたがって適切な文に書き直しなさい。（各10点）

(1) 私の目標は、次の大会で優勝したい。（――線部の形と文の意味を変えない。）
［　　　　］

(2) ぼくが楽しみなのは、海に遊びに行くのが楽しみだ。（――線部の形と文の意味を変えない。）
［　　　　］

(3) 彼(かれ)らは世界中の多くの人が応援(おうえん)されている。（――線部の形と文の意味を変えない。）
［　　　　］

(4) この本を読んで、私も家族や友だちを大切にしたい。（――線部の形と文の意味を変えない。）
［　　　　］

(5) 母は自転車で駅に向かった弟を追いかけた。（――線部以外の語順を変えて、自転車に乗っているのが母だと限定できる文に直す。）
［　　　　］

(6) ぼくは兄と公園で遊んでいる妹を呼びに行った。（兄と妹が一緒(いっしょ)に遊んでいるという意味に限定できるように、読点を打つ。）
［　　　　］

(7) 次の電車に乗れば、約束の時間には間に合わないだろう。（――線部の形が変わらないように読点以降の文の意味を変える。）
［　　　　］

(8) 彼の言うことは、決して間違(まちが)っていた。（――線部の語と呼応するように文の意味を変える。）
［　　　　］

2 次の各文の□に当てはまる言葉としてふさわしいものを、あとのア～オから一つずつ選び、それぞれ記号で答えなさい。（各4点）

(1) たとえ難しく□、私はあきらめない。
［　　］

(2) どなたか知っていたら、ぜひ教えて□。
［　　］

(3) もし声が聞こえている□、手をあげてください。
［　　］

(4) おそらく今までで一番すばらしい演奏ができる□。
［　　］

(5) 弱音をはかないあたりが、いかにもあの人□。
［　　］

ア なら　イ ください　ウ ても
エ らしい　オ だろう

STEP 3

# 得点アップ問題

**1** 次の文章を読んで、あとの問いに答えなさい。（各25点）

世界にはさまざまなスポーツがある。サッカーやバスケットボールは、コートの中で選手が入り乱れて得点を積み重ねていく球技だ。①これらの球技で勝つ条件は、最終的に相手より多くの得点を取ることが条件だ。テニスやバレーボールは競技者がラリー形式でボールをつなぐスポーツである。これらの競技では、どちらかの選手・チームが決められた得点を取るまで試合が続く。②どれだけラリーが続いたら、得点が入らなければ試合は終わらない。球技でないスポーツも多く存在する。陸上競技、水泳、ボクシング……挙げていけばきりがない。③観客は一生懸命競技に取り組む選手を応援する。どの競技でも、その点は共通している。

野球が日本で人気のあるスポーツだということはいうまでもないだろう。シーズン中は結果が報じられ、それ以外の時期はキャンプや選手の入団・退団に関する情報が取りざたされる。最近、多くの日本人選手がアメリカのメジャーリーグのチームに所属している。メジャーリーグにおける日本人選手の増加を喜ぶ声がある一方で、日本のプロ野球におけるスター選手の減少を心配する声も多い。ここで気づくのは日本人選手の増加に伴いメジャーリーグの情報が日本に入ってきやすくなったことだ。サッカーのワールドカップや世界体操など、スポーツの国際大会は日本でも注目を集める。我々はスポーツを通じて世界と、ひいては世界中の人々とふれあえるのである。

(1) ――線①の文を、解答欄に合う形で、文の係り受けが適切になるように書き直しなさい。

これらの球技で勝つ条件は、最終的に［　　　　］

(2) ――線②の文を、解答欄に合う形で、文の係り受けが適切になるように書き直しなさい。

どれだけ［　　　　］、得点が入らなければ試合は終わらない。

(3) ――線③の文の意味について、次の各問いに答えなさい。

A 「選手が一生懸命である」という意味に限定できるように読点を打ちなさい。

［観客は一生懸命競技に取り組む選手を応援する。］

B 「観客が一生懸命である」という意味に限定するには、「一生懸命」をどの文節のあとに置けばよいか。一文節で抜き出しなさい。

［　　　　］

# 8 敬語の種類と用法

STEP 1 要点チェック

## 1 敬語の種類 おぼえる!

敬語は次の三種類に分類することができる。

❶ 尊敬語…話し手（書き手）が行為者や事柄を高めて言うことによって、その人に対する敬意を示す表現。

例 先生はいついらっしゃるのですか。
↓話し手の「先生」に対する敬意を示している。

例 あなたのお父様はいついらっしゃるのですか。
↓話し手の「あなたのお父様」に対する敬意を示している。

❷ 謙譲語…話し手（書き手）が自分や自分の身内の動作や事柄をへりくだって表現することによって、行為の受け手に対する敬意を示す表現。

例 あなたを今日ご案内するのは私です。
↓「私」がへりくだって「あなた」に対する敬意を示している。

例 あなたを今日ご案内するのは私の父です。
↓「ご案内する」のは「私の父」だが、身内の動作をへりくだって表現することによって、「私」の「あなた」に対する敬意を示している。

❸ 丁寧語…話し手（書き手）が相手に丁寧な言葉遣いを用いることで、相手に対する敬意を示す表現。

例 私はここで待っています。
↓聞き手（読み手）に対する敬意を示している。

## 2 尊敬語の用法 必ずチェック

主な尊敬語には、次のようなものがある。

❶ 尊敬の意味を表す動詞（尊敬動詞）…特別な動詞を用いて尊敬表現をする。

例 「いる・行く・来る」→「いらっしゃる・おいでになる」／「言う・話す」→「おっしゃる」

ミス注意!

◆身内に尊敬語は使わない!

身内や物に対し尊敬語を用いるのは誤り。

例 ×父がおっしゃっていました。
↓○父が申しておりました。

「お母さん」や「おじいちゃん」のように接尾語をつけた表現は尊敬表現であるため、第三者に対しては用いず、「母」や「祖父」を用いる。「社長」などの役職名も敬語表現であるため、身内のことを述べる場合は役職をつけず名前のみとする。

例 ×お母さんが伺います。
↓○母が伺います。
×佐藤社長は不在です。
↓○佐藤は不在です。

◆誤りやすい敬語表現

・二重敬語…敬語は一つの言葉に対して一回用いる。二回以上重ねて用いるのは誤りである。

例 ×おっしゃられる ↓○おっしゃる
×ご覧になられる ↓○ご覧になる

・尊敬語と謙譲語の混同

例 ×申される ↓○おっしゃる
×拝見される↓○ご覧になる

「話していらっしゃる」↓補助動詞を用いて尊敬の意味を表すこともある。

❷ 尊敬の意味を表す助動詞…尊敬の意味を表す助動詞「れる」「られる」を用いる。

例 先生が話される・お客様が来られる

❸ 「お（ご）〜になる」の形

例 「お読みになる」・「ご着席になる」

❹ 尊敬の意味を表す接頭語・接尾語…接頭語や接尾語をつけて尊敬表現をする。

例 「お急ぎですか」・「ご立派な方ですね」／「妹さん」・「お父様」

❺ 尊敬の意味を表す特別な名詞

例 「貴社」・「尊父」

## 3 謙譲語の用法 必ずチェック

主な謙譲語には、次のようなものがある。

❶ 謙譲の意味を表す動詞（謙譲動詞）…特別な動詞を用いて謙譲表現をする。

例 「行く・来る」→「参る・伺う」／「食べる・もらう」→「いただく」

「家まで送って差しあげる」↓補助動詞を用いて謙譲の意味を表すこともある。

❷ 「お（ご）〜する」、「お（ご）〜申しあげる」の形

例 「お持ちする」・「ご案内する」／「お知らせ申しあげる」・「ご報告申しあげる」

❸ 謙譲の意味を表す接尾語

例 「私ども」

❹ 謙譲の意味を表す特別な名詞

例 「小生」・「拙宅」

## 4 丁寧語の用法 必ずチェック

主な丁寧語には、次のようなものがある。

❶ 丁寧の意味を表す動詞…「ございます」を用いて丁寧表現をする。

例 「こちらにございます」（動詞）／「寒うございますね」（補助動詞）

❷ 丁寧の意味を表す助動詞…「です」「ます」を用いて丁寧表現をする。

例 「私は中学生です」・「私が行きます」

❸ 丁寧の意味を表す接頭語

例 「お茶を飲みましょう」・「ご飯を食べます」

**くわしく**

●接頭語とは
名詞・動詞・形容詞などの上につくもの。
●接尾語とは
語の下につくもの。

**◆注意すべき尊敬動詞・謙譲動詞**

尊敬動詞・謙譲動詞は、動詞の形そのものが変化して敬意を示すため、注意が必要である。

主な尊敬・謙譲動詞の例

| | 尊敬動詞 | 謙譲動詞 |
|---|---|---|
| 行く・来る | いらっしゃる<br>おいでになる | 参る・伺う |
| 言う・話す | おっしゃる | 申す<br>申しあげる |
| 見る | ご覧になる | 拝見する |
| 食べる<br>飲む | 召しあがる | いただく |
| する | なさる | いたす |
| 聞く | | 伺う・承る |

**◆丁重語**

「おる」「申す」「存じる」などの謙譲表現を、話し手が聞き手に直接敬意を表す場合に、謙譲語と区別して丁重語と呼ぶことがある。

例 今日は自宅におります。
私は山田と申します。

**◆美化語**

「お米」や「ご挨拶」のように、特定の人物に対して敬意を表するのではなく、言葉遣いを美しくした言葉で、丁寧語と分ける場合もある。

STEP 2

# 基本問題

別冊解答P・4

得点 /100点

**1** 次の各文に含まれている謙譲表現を単語で抜き出しなさい。また、謙譲表現を用いない動詞の終止形に直して答えなさい。（完答各5点）

(1) それでは拝借します。 〔 ・ 〕

(2) この本を差しあげましょう。 〔 ・ 〕

(3) 会議の内容をご報告します。 〔 ・ 〕

(4) 荷物をお持ちするのは、私の役目です。 〔 ・ 〕

(5) それは申すまでもありません。 〔 ・ 〕

(6) 承るところによると、引っ越しをなさるとか。 〔 ・ 〕

(7) 先生の作品を拝見しました。 〔 ・ 〕

(8) 遠慮なくいただきます。 〔 ・ 〕

**2** 次の各文に含まれている尊敬語に——線を引きなさい（一つとは限らない）。（完答各6点）

(1) 美里さんのお母様はいらっしゃいましたか。

(2) さあ、冷めないうちにおみそ汁も召しあがれ。

(3) この会議の記録、ご覧になりますか。

(4) 先生がご愛用の万年筆をくださった。

(5) あら、もうお帰りになるの。

(6) おっしゃることがよくわかりません。

(7) 貴社の所在地を伺いたいと思ってお電話しました。

**3** 次の各文の——線部の意味をあとのア〜ウから一つずつ選び、それぞれ記号で答えなさい。（各6点）

(1) あちらにいらっしゃるのは、どなたですか。

(2) いつでも遊びにいらっしゃい。

(3) 今からコンサートにいらっしゃるのですか。

ア 行く　イ 来る　ウ いる

(1)〔 〕 (2)〔 〕 (3)〔 〕

STEP 3 得点アップ問題

テスト3日前から確認!

別冊解答 P.5

得点 /100点

**1** 次の電話のやり取りについて、あとの問いに答えなさい。

「もしもし、駅前の富田(とみた)商店ですが、お母様はご在宅ですか。」

「お母さん(①)は、ただいま外出して A が、どんなご用ですか。」

「昨日、お(a)菓子(かし)のご(b)注文をいただきましたが、何時ごろ届ければ(②)よいかと思いまして……。」

「そのことでしたら、五時ごろと言って(③)おりましたので、よろしくお願いします。」

(1) ――線①「お母さん」という表現が正しくない理由を、簡潔に答えなさい。(10点)

[　　　]

(2) A に当てはまる言葉としてふさわしいものを次のア~エから一つ選び、記号で答えなさい。(10点)

ア いらっしゃる　イ いらっしゃいます
ウ おられます　エ おります

[　　　]

難 (3) ~~~線a「お」、~~~線b「ご」はいずれも接頭語である。「aは~、bは~。」という形で、その敬語としての用法の違(ちが)いを説明しなさい。(10点)

[　　　]

(4) ――線②「届ければ」、――線③「言って」を、それぞれ謙譲表現に直しなさい。(各5点)

② [　　　]
③ [　　　]

**2** 次の(1)~(3)の場合にふさわしい言い方をあとのア~ウから一つずつ選び、それぞれ記号で答えなさい(同じものは二度使えないものとする)。(各5点)

(1) 近所の大人に、少し丁寧(ていねい)に話す場合。
(2) 先生に、尊敬語を用いて話す場合。
(3) 先生に、謙譲語を用いて話す場合。

ア 地下道を通っていくと、とても便利ですよ。
イ その箱は重いので、私がお持ちします。
ウ ニュースは、もうお聞きになりましたか。

(1) [　　　]
(2) [　　　]
(3) [　　　]

**3** 次の各文の――線部を、〈　〉内の指示にしたがって直し、文全体を書き換(か)えなさい。(各15点)

(1) 私の役目は連絡(れんらく)することです。〈「先生に」という言葉を加えて、――線部を「お(ご)~する」という形の謙譲の表現にする。〉

[　　　]

(2) 校長先生が来た。〈――線部を尊敬の助動詞を用いた表現にする。〉

[　　　]

(3) この町には木がたくさんある。〈――線部を五字の丁寧語に直す。〉

[　　　]

# 文学的文章の読解Ⅰ

## STEP 1 要点チェック

### 1 心情理解 ポイント

主に小説などの文学的文章の読解においては、登場人物がどのような心情であるかをとらえることが重要である。

登場人物の心情をとらえるには、次の点に着目して読むとよい。

**❶ 登場人物の心情を直接表現している言葉**
気持ちや考えを直接言い表した言葉がある場合は、その言葉に登場人物の心情が表現されている。

**❷ 登場人物の会話**
登場人物が発した言葉や話しぶりに、心情が表れていることがある。

**❸ 登場人物の動作や行動**
登場人物の体の動きや表情、態度、行動などに心情が表れていることがある。

**❹ 心情を反映した情景描写**
風景や周囲の状況を描いた部分に登場人物の気持ちが投影されている場合がある。

**確認**

夜遅く、出窓で見張っていた弟が、「帰ってきたよ!」と叫んだ。茶の間に座っていた父は、はだしで表へとび出した。防火用水桶の前で、痩せた妹の肩を抱き、声をあげて泣いた。

（三省堂　現代の国語1　向田邦子「字のない葉書」より）

①「!」「叫んだ」→ずっと待ちわびていた気持ちが読み取れる。
②「はだしで」→待ち切れない・少しでも早く会いたい、という気持ちがうかがえる。
③「声をあげて」→「父」の悲しみの深さがうかがえる。

**よくでる 会話文における「……」**

会話部分に「……」のような無言の部分がある場合や、会話の一部が「……」となり、言葉で書かれていないことがある。こうした無言の部分に込められた心情を考えてみよう。

①答えに困っている・あえて黙っている
例「どうするの。行くの、行かないの。」
「……。」
さて、どう返事をするべきだろうか。

②考えごとをしている・様子を見ている
例「ねえ、どうかしたの?」
「……。」
父はじっと窓の外を眺めて何かを考えている。

③感情の高ぶりや怒り
例「どうしていつもそうなの……。」
この気持ちをどこにぶつけようか。

→会話の内容や話しぶりから何を意味する無言部分なのかを判断しよう。

**◆心情理解の注意点**

登場人物の心情を読み取るかぎとなる言葉は、直接的に気持ちを表す言葉で書かれているとは限らない。文章中の表現から心情を考えるヒントとなる言葉を探し、それをもとに考えることが重要である。

STEP 2

# 基本問題

別冊解答P・5

得点　／100点

## 1

次の文章を読んで、あとの問いに答えなさい。

トロッコを押して遠い場所まで行ってしまった良平(りょうへい)は、真っ暗な中を一人で走り続け、やっと村まで帰って来た。

彼(かれ)のうちの門口(かどぐち)へ駆(か)け込(こ)んだとき、良平はとうとう大声に、わっと泣きださずにはいられなかった。その泣き声は彼の周りへ、一時(いちじ)に父や母を集まらせた。殊(こと)に母はなんとか言いながら、良平の体を抱(かか)えるようにした。が、良平は手足をもがきながら、すすりあげすすりあげ泣き続けた。

（三省堂　現代の国語1　芥川龍之介(あくたがわりゅうのすけ)「トロッコ」より）

(1) ――線部について、「手足をもがきながら」泣き続けた良平の行動には、どのような気持ちが表れているか。次のア～エから一つ選び、記号で答えなさい。（35点）

ア　助けに来てくれない母に対して、不満をぶつけたいという気持ち。
イ　手足が痛くてたまらず、早く治療(ちりょう)してくれるよう訴(うった)えたい気持ち。
ウ　見たこともない場所を訪(おとず)れた感動を表現したいという気持ち。
エ　どれほど恐(おそ)ろしかったか、言葉では表現できないという気持ち。

［　　］

## 2

太平洋戦争が激化し、「私」の幼い妹が学童疎開(がくどうそかい)（戦争による被害(ひがい)を避(さ)けるために地方都市や農村に移住すること）をすることになった。次の文章を読んで、あとの問いに答えなさい。

妹の出発が決まると、暗幕を垂らした暗い電灯の下で、母は当時貴重品になっていたキャラコで肌着(はだぎ)を縫(ぬ)って名札をつけ、父はおびただしい葉書(はがき)にきちょうめんな筆で自分宛(あ)ての宛名(あてな)を書いた。

（三省堂　現代の国語1　向田邦子(むこうだくにこ)「字のない葉書」より）

(1) ――線部に表れている父母の気持ちとしてふさわしくないものを、次のア～エから一つ選び、記号で答えなさい。（35点）

ア　幼い娘(むすめ)に少しでもつらい思いをさせまいとする気持ち。
イ　疎開先での娘の様子を知るため、手間を惜(お)しまない気持ち。
ウ　娘からの連絡(れんらく)が途絶(とだ)えることのないよう最善を尽(つ)くす気持ち。
エ　娘が字を書けないために、仕事が増えて腹立たしい気持ち。

［　　］

妹が帰ってくる日、私と弟は家庭菜園のかぼちゃを全部収穫(しゅうかく)した。小さいのに手をつけると叱(しか)る父も、この日は何も言わなかった。

（三省堂　現代の国語1　向田邦子「字のない葉書」より）

(2) ――線部について、このときの父の気持ちを表す言葉としてふさわしいものを、次のア～エから一つ選び、記号で答えなさい。（30点）

ア　幼い娘を少しでも喜ばせたい。
イ　もうかぼちゃ作りはしない。
ウ　注意してもどうせ聞かない。
エ　かぼちゃを全部食べたい。

［　　］

STEP 3

# 得点アップ問題

テスト 3日前から確認!

別冊解答 P・5

得点 ／100点

**1** 次の文章を読んで、あとの問いに答えなさい。

「いいか、これは約束ごとぞ。それぞれがとったイタドリはいっぺん集めて、それを家族ごとに分けあうがぞ。ふたりきてても、もって帰るぶんは、ひとりきてるもんと同じじゃ」

「どうして?」

サチは、ちょっと［①］気持ちのままに聞いた。みんなの目が、いったんサチに集まって、兄(あい)やんの方にもどっていった。

「この谷はあぶない場所が多い。とりっこ競争になって無理をしたら、崖(がけ)から落ちたりすることもある。小さいものが大きいイタドリをみつけて、自分にはとるのが無理じゃと思ったら、大きい子を呼ぶ。そんなふうに協力しあうためにできた伝統みたいなもんじゃ」

「どうしてふたり分出して、ひとり分しかもって帰れないの」

サチは、そのことが聞きたかった。自分のとったイタドリだとお母さんに自慢(じまん)できないのもいやだったが、どうしてふたりきて、ひとり分しかもって帰れないのか分からなかった。

「それも伝統みたいなもんじゃ。大きい子と小さい子じゃ、とるイタドリの量がぜんぜんちがう。けど、必要な量は、どこの家もおんなじぞ。山はひとりじゃこれん。だから、みんなで仲よく山にこられるように、男の子の間に伝わってきた伝統じゃ。兄やんらだって、小さいころは、そうやって大きい子に助けられたんじゃ。②分かったか、サチ」

「……」

サチは、だまってうなずいた。男の子たちの間に伝わってきたことなど、初めて仲間いりしたのだから、知りようもなかった。

（中略）

「どうした、サチ」

兄やんの声にふり返れば、兄やんは、もう、③悲しそうな目をしてテツオを見ていた。テツオは、きょろきょろと周囲をうかがうと、もっていた大きなイタドリを道ばたのくさむらの中にかくした。

「④ふせろ」

兄やんに言われるままに、サチは身をかがめた。兄やんもいっしょに身をかがめて、そのまま少し動いて立ち上がった。サチも兄やんのまねをした。テツオの姿は、もう見えなかった。

「見なかったことにしろ、サチ」

兄やんは、悲しそうな目をして、そう言った。

「どうして?」

サチは、⑤だんだんくやしくなってくる気持ちのままに聞いた。兄やんは苦しんでいるように返事をしなかった。その顔は、泣いているようにも見えた。サチだって、自分が初めてとったイタドリを、自分がとったのだとお母さんに見せて自慢したかった。自分がとったイタドリが食卓(しょくたく)に上るのを、想像するだけで誇(ほこ)らしい気分になった。それでも、みんなでいっしょに山にこられるようにするための取り決めがあるから、がまんをしている。それなのに、テツオは……。

「なあ、こんなことがみんなに知れたら、テツオはのけ者にされる。もう、山にもこれなくなる。ひとりじゃ山には入れんもの……」

「だって……⑥」

サチには、続ける言葉がなかった。イタドリをさがして歩きだした兄やんの後を追いながら、大きなイタドリをかくしたテツオの姿がくり返し浮かんだ。忘れようとしても、おいすがってくるように頭に浮かんで去らなかった。あんな取り決めがあるからいけないんだとも思ってみた。いろんなふうに思ってみても、やっぱり［⑦］。


（笹山久三「兄やん」より）

**よくでる** (1) ［①］に当てはまる言葉としてふさわしいものを次のア～エから一つ選び、記号で答えなさい。（10点）

ア　うきうきした　　イ　面白くない
ウ　うっかりした　　エ　落ち込んだ

［　　］

(2) ――線②「分かったか、サチ」と言ったときの兄やんの気持ちとして、ふさわしいものを次から一つ選び、記号で答えなさい。（12点）

ア　山の取り決めを知らないサチに対し、昔から山をよく知っていることを自慢したい気持ち。
イ　山の取り決めをサチにも守ってほしいので、理解してくれたかどうかを確認しておきたい気持ち。
ウ　当たり前の取り決めも知らないサチを厳しく注意しながら、サチのことを情けなく思う気持ち。
エ　悪いことと知っていながら取り決めを守りたくないと主張するサチをいましめておきたい気持ち。

［　　］

(3) ――線③「悲しそうな目をしてテツオを見ていた」のはなぜか。本文中の言葉を使って答えなさい。（15点）

［　　］

(4) ――線④「ふせろ」と言った兄やんの考えはどのようなものであったか。考えて答えなさい。（15点）

［　　］

**難** (5) ――線⑤「だんだんくやしくなってくる気持ち」とあるが、サチがこのように感じた理由を説明した次の文の［　］に当てはまる言葉を、解答欄の字数で本文中から抜き出しなさい。（各12点）

・サチは山の取り決めを守るために［A］をしているのに、テツオは［B］をこっそり持って帰ろうとしているから。

A［　　　］
B［　　　　　　　］

(6) ――線⑥「……」に込められたサチの気持ちとして最もふさわしいものを次のア～エから一つ選び、記号で答えなさい。（12点）

ア　テツオは山の約束事を知らないので、きちんと伝えるべきだ。
イ　テツオが怖くて注意もできないとは、兄やんは度胸がない人だ。
ウ　兄やんの言いたいことはわかるが、納得できない。
エ　イタドリを隠してもいいのなら、自分もそうしたい。

［　　］

(7) ［⑦］に当てはまる言葉としてふさわしいものを次のア～エから一つ選び、記号で答えなさい。（12点）

ア　テツオのことが羨ましかった
イ　テツオのことを憎めなかった
ウ　テツオのことが恐ろしかった
エ　テツオのことが許せなかった

［　　］

第2章　1　文学的文章の読解Ⅰ

# 説明的文章の読解Ⅰ

## STEP 1 要点チェック

### 1 指示語 ポイント

説明的文章を読むうえでは、指示語が指す内容を正確にとらえることが重要である。

❶ 指示語とは…前に述べた言葉や文を指し示す役割をもつ連体詞（この・あの・その など）や、代名詞（これ・それ・あれ など）を用いた言葉。同じ言葉や文を繰り返さず、簡潔に前の言葉やあとにつなぐために使われる。

❷ **指示語の指示内容のとらえ方**

① 指示語を含む文の意味をおさえる。
② 指示語の指示内容は指示語より前にあることが多いので、前にさかのぼって探す。
③ 指示内容が前にない場合は、指示語よりあとを探す。
④ 探し当てた内容を指示語に置き換えて、文脈が通るかどうかを確認する。

**くわしく**
指示語には、ほかに副詞（こう・そう など）などもある。

### 2 接続語

説明的文章を読むときには、段落間や文と文のつながりを示す接続語にも注意が必要である。

❶ **接続語の種類** 必ずチェック

| 種類 | 説明 | 例 |
|---|---|---|
| 順接 | あとの内容が前の内容に順当につながっている。 | 例 だから・それで・すると |
| 逆接 | あとの内容が前の内容と逆のつながりになっている。 | 例 しかし・ところが・だが |
| 説明・補足 | あとの内容が前の内容の説明や補足をしている。 | 例 つまり・たとえば・ただし |
| 並列・累加 | 同じような内容を並べたり、付け加えたりしている。 | 例 そして・さらに・また |
| 対比・選択 | 複数のものを対比的に述べたり、選んだりする。 | 例 または・それとも・あるいは |
| 転換 | それまで述べてきたことと話題を変える。 | 例 さて・では・ところで |

**ミス注意!**

次のような場合には、注意が必要である。

◆指示内容が、指示語よりあとにある場合

例 このような経験はないだろうか。どこかで聴いたことのある音楽だけれど、曲名が思い出せない。

◆指示語がそれまでの内容を包括的に示す場合

例 さまざまな性格の人がいます。好みや趣味も人それぞれです。にぎやかな人もいればもの静かな人もいます。このように考えると、他人を尊重することは、そのまま自分を尊重してもらうことにつながるのです。

**よくでる 段落と接続語**

◆**段落の頭にある接続語**
段落の頭にある接続語は、その段落と前の段落とをつなぎ、その段落がどのように展開されるのかを予告している。

◆**段落内の接続語**
段落内の途中にある接続語は、その段落内の文と文をつないでいる。つながりは、前の段落にまで及ぶこともある。

STEP 2

# 基本問題

テスト5日前から確認!

得点　／100点

別冊解答P・6

1 次の文章を読んで、あとの問いに答えなさい。(20点)

私たちは、毎日いろいろな種類の野菜を食べています。野菜は植物ですから、根や葉、茎(くき)、花、実などの器官からできています。例えば、キャベツやレタスなら葉の部分を食べていますし、トマトやナスなら実の部分を食べています。

□、私たちが普段(ふだん)食べているダイコンの白い部分はどの器官なのでしょうか。

(光村図書　国語1　稲垣栄洋(いながきひでひろ)「ダイコンは大きな根?」より)

(1) □に当てはまる言葉を次のア〜エから一つ選び、記号で答えなさい。

ア さらに　イ あるいは　ウ つまり　エ それでは

〔　　〕

2 次の文章を読んで、あとの問いに答えなさい。(20点)

これらの特徴(とくちょう)を活用して調理すると、ダイコンのさまざまな味を引き出すことができます。□、大根下ろしを作るときに、辛(から)いのが好きな人は下の部分が向いていますし、辛いのが苦手な人は上の部分を使うと辛みの少ない大根下ろしを作ることができます。

(光村図書　国語1　稲垣栄洋「ダイコンは大きな根?」より)

(1) □に当てはまる接続語をひらがな四字で答えなさい。

□□□□

3 次の文章を読んで、あとの問いに答えなさい。(各20点)

根には、葉で作られた栄養分が豊富に運ばれてきます。①これは、いずれ花をさかせる時期に使う大切な栄養分なので、土の中の虫に食べられては困ります。そこで、虫の害から身を守るため、辛み成分をたくわえているのです。ダイコンの辛み成分は、普段は細胞(さいぼう)の中にありますが、虫にかじられて細胞が破壊(はかい)されると、化学反応を起こして、辛みを発揮するような仕組みになっています。②、たくさんの細胞が壊(こわ)れるほど辛みが増すことになります。

(光村図書　国語1　稲垣栄洋「ダイコンは大きな根?」より)

(1) ――線①「これ」が指す内容を、本文中から九字で抜(ぬ)き出しなさい。

□□□□□□□□□

(2) A ②に当てはまる言葉を次のア〜エから一つ選び、記号で答えなさい。

ア そのため　イ または　ウ なぜなら　エ しかし

〔　　〕

B Aの接続語の種類を次のア〜エから一つ選び、記号で答えなさい。

ア 逆接　イ 転換　ウ 順接　エ 並列・累加

〔　　〕

## STEP 3 得点アップ問題

テスト3日前から確認!

別冊解答P.6

得点　　／100点

**1** 次の文章を読んで、あとの問いに答えなさい。

大相撲の千秋楽に優勝力士に贈られるチェコのカットグラスは、デザインはいいが、よく見るとカット技術は雑なのだといった話題のあとで、わたしはうかつにも、*小林さんの高い技術とくらべたら、デパートの売場に並んでいるカットグラスの技術は低いものでしょうね、といってしまった。(A)

「まあ、技術の評価はむずかしいですよ。わたしは、この業界の人たちの、［①］単純な矢来や格子の模様のコップを、手早く彫る技術も、やはり立派な技術だと、真似のできない技術だと思っているんですよ」

小林さんにそうさとされて、わたしはピシッと面を一本とられた思いだった。(B)

*江戸は民間だったから滅びなかった。なぜか。広く江戸庶民に使われたからである。江戸庶民に広まるためには、カットグラスは大金持の床の間を飾るような高級なものばかりではなく、安く手に入る必要があった。安く作る技術が必要だった。(C)

その、大量に安く作る技術を、低い技術といえるのか。小林英夫さんは②そのことをわたしに教えて下さったのだった。いまも東京には約五十社、五百人ほどの人がカットグラスを作って暮らしている。③その人たちのグラスがあるおかげで、カットグラスが広く人びとに愛用されている。その技術が低くて、自分の技術を高いとはいえない。それが、「現代の名工」のことばだった。(D)

(小関智弘「ものづくりに生きる」より)

(注)＊小林さん…小林英夫さん。ガラスに刻み模様をつける、江戸切子という細工技法の第一人者。平成三年度に「現代の名工」に選ばれた。

**江戸は民間だったから滅びなかった**…江戸切子と同じ時期に産業化されていた薩摩切子は、高級品であったため、産業として現代に残らなかった。

(1) ［①］に当てはまる言葉としてふさわしいものを次のア～エから一つ選び、記号で答えなさい。(10点)

ア ところで　イ だから　ウ たとえば　エ しかし　［　　］

(2) ――線②「そのこと」が指す内容をまとめた次の文の□に当てはまる言葉を、本文中からそれぞれ抜き出しなさい。(各10点)

・カットグラスを江戸庶民に広げることを可能とした、カットグラスを［　　　　　　　　］を、小林さんの技術と比べて［　　　　］ということなどできないということ。

(3) ――線③「その人たち」が指す内容を、本文中の言葉を使って二十五字以内で答えなさい。（20点）

(4) 次の一文は、（A）～（D）のうちどの部分に入れるのがふさわしいか。記号で答えなさい。（10点）

・それがあったから、産業として江戸切子は残った。

［　　］

**2** 次の文章を読んで、あとの問いに答えなさい。

月面は一日の寒暖の差が大きい。昼間の気温は一二〇度まで上がり、夜はマイナス一五七度まで下がる。宇宙は真空なので、宇宙服のなかの空気が逃げたら人間は生きられない。そのために①気密ファスナーが必要であった。

（中略）

明石海峡大橋や、北海道と本州を結ぶ青函トンネルでもファスナーは活躍している。青函トンネルは一九八八年に開通した。全長五四キロメートルのトンネルの壁のなかには、トンネルに入り込んでくる海水を外に流す「漏水用トイ」が通っている。［②］そのトイは、水といっしょに流れ込む微生物がこびりついて、水の流れを悪くすることがわかった。［③］、トンネルの壁にぜったいに水の漏れないファスナーを取りつけて、トイの掃除ができるように工夫がしてある。防水ファスナーは全部で七〇〇〇本。つなげると六・三キロメートルの長さになる。④そんなファスナーが、青函トンネルを守っているのである。

（小関智弘「道具にヒミツあり」より）

（注）＊気密ファスナー…空気や水を通さないファスナー。

(1) ――線①「気密ファスナーが必要であった」のは、なぜか。最もふさわしいものを次のア～エから一つ選び、記号で答えなさい。（10点）

ア 一日の寒暖差が大きい月面で生きるには、宇宙服をすばやく着なければならないから。

イ 真空である宇宙で生き延びるためには、着脱しやすい宇宙服が欠かせないから。

ウ 宇宙服のなかの空気が外へ逃げてしまうと、人間は宇宙で生きていけないから。

エ 昼間と夜との温度差が二五〇度以上ある場所で生活しなければならないから。

［　　］

(2) ［②］・［③］に当てはまる言葉の組み合わせとしてふさわしいものを、次のア～エから一つ選び、記号で答えなさい。（10点）

ア ②しかし　③ただし

イ ②だから　③だから

ウ ②ところが　③そこで

エ ②あるいは　③ところで

［　　］

(3) ――線④「そんなファスナー」とは、どのようなファスナーか。次の文の□に当てはまる言葉を、本文中からそれぞれ抜き出しなさい。（各10点）

・つなげると［　　　　　　　　　］の長さになる、トンネルの壁につけられた、七〇〇〇本もの［　　　　　　　］ファスナー。

# STEP 1 要点チェック

## 1 詩の種類 おぼえる!

詩は文体・形式・内容によって、次のように分類することができる。

| 種類 | 名称 | 説明 |
| --- | --- | --- |
| 文体の種類 | 口語詩 | 現代の言葉で書かれた詩。 |
| | 文語詩 | 古文に使われている言葉で書かれた詩。 |
| 形式の種類 | 定型詩 | 五・七、七・五など、各行が一定の音数をもった詩。 |
| | 自由詩 | 音数に決まりがなく、自由な形式で書かれた詩。 |
| | 散文詩 | 散文の形で書かれた詩。 |
| 内容の種類 | 叙情詩 | 作者の感動や心情が表現された詩。 |
| | 叙事詩 | 歴史上の事件や伝説を題材とした詩。 |

## 2 詩の構成 おぼえる!

◆連…詩の意味のうえでのまとまり。連と連の間は、ふつう一行あけて書かれている。

◆行分け…詩は文の途中でも行が改められていることがある。作者の心情の変化などを表すことが多い。

## 3 詩の鑑賞 ポイント

次のような点に注意しながら詩を読み、作者の感動を感じ取ることが大切である。

❶ 言葉を正確にとらえる

言葉と言葉のつながりなどから、作者がどのようなことを表現しようとしているのかをとらえる。

❷ 言葉から、情景や雰囲気をとらえる

場所や時間、季節などがわかる言葉がないかを探し、その言葉を手がかりに情景や、その詩の雰囲気を読み取る。

❸ 作者の視点をとらえる

作者がどのような視点に立って詠んでいるのかを読み取る。

❹ 作者の感動の中心（主題）をとらえる

描かれている情景や、視点、全体の雰囲気などから、作者は何に対してどのような感動をしたのかを感

◆**表現技法**

文章中には、その事柄や表現を印象づけるために、表現技法が用いられることもある。特に詩や短歌、俳句などではよく用いられる。

**比喩** ある事柄を別のものにたとえる。「直喩」「隠喩」「擬人法」に分けられる。

- **直喩** 「〜よう」「〜みたい」などの表現を用いてたとえる。
- **隠喩** 「〜よう」「〜みたい」などの表現を用いず、ある物事と別の物事を直接結びつけてたとえる。
- **擬人法** 人間でないものを人間のようにたとえる。

**倒置法** 語順をふつうとは逆にして、意味や感動を強調する。

**体言止め** 行や文の終わりを体言（名詞）にすることで、余韻を出す。

**反復法** 同じ音や言葉を何度も用いることで強調したり、調子を整えたりする。

**対句法** 対となる言葉や調子の似た言葉を用いて、リズム感を出す。

**省略法** 言葉や表現を省略することで印象を強めたり、余韻を出したりする。

STEP 2

# 基本問題

テスト5日前から確認!

別冊解答P・6

得点 /100点

**1** 次の詩を読んで、あとの問いに答えなさい。

虹の足　吉野　弘

雨があがって
雲間から
①乾麺みたいに真直な
陽射しがたくさん地上に刺さり
行手に榛名山が見えたころ
山路を登るバスの中で見たのだ、虹の足を。
眼下にひろがる田圃の上に
②虹がそっと足を下ろしたのを!
野面にすらりと足を置いて
虹のアーチが軽やかに
すっくと空に立ったのを!
その虹の足の底に
小さな村といくつかの家が
③すっぽり抱かれて染められていたのだ。
それなのに
家から飛び出して虹の足にさわろうとする人影は見えない。
――おーい、君の家が虹の中にあるぞオ
乗客たちは頬を火照らせ
野面に立った虹の足に見とれた。
多分、あれはバスの中の僕らには見えて
村の人々には見えないのだ。
そんなこともあるのだろう
④他人には見えて
自分には見えない幸福の中で
格別驚きもせず
幸福に生きていることが――。

（教育出版　伝え合う言葉　中学国語2より）

(1) ――線①「乾麺みたいに真直な」、③「すっぽり抱かれて染められていたのだ」において用いられている表現技法を、次のア～オから一つずつ選び、記号で答えなさい。（各15点）

ア 対句法　イ 体言止め　ウ 直喩
エ 擬人法　オ 反復法

①［　　］③［　　］

(2) ――線②「虹がそっと足を下ろしたのを!」のあとに省略されている言葉を、詩の中から四字で抜き出しなさい。（20点）

□□□□

(3) ――線④「他人」にあたるのはここでは誰か。詩の中から四字で抜き出しなさい。（20点）

□□□□

(4) この詩の主題をまとめた次の文の□に当てはまる言葉を、詩の中からそれぞれ抜き出しなさい。（各15点）

・□□□と同じように、□□というのは、他人の目には見えても自分には見えない、自分では気づきにくいものである。

STEP 3
# 得点アップ問題

テスト 3日前 から確認!

別冊解答 P・6

得点 ／100点

**1** 次の詩を読んで、あとの問いに答えなさい。

挨拶（あいさつ）――原爆（げんばく）の写真によせて　石垣（いしがき）りん

あ、
①この焼けただれた顔は
一九四五年八月六日
その時広島にいた人
二五万の焼けただれのひとつ

②すでに此（こ）の世にないもの

とはいえ
③友よ

向き合った互（たがい）の顔を
も一度見直そう
④戦火の跡（あと）もとどめぬ
すこやかな今日の顔
すがすがしい朝の顔を
その顔の中に明日の表情をさがすとき

私（わたし）は⑤りつぜんとするのだ

地球が原爆を数百個所持して
生と死のきわどい淵（ふち）を歩くとき
なぜそんなにも安らかに
あなたは美しいのか

しずかに耳を澄（す）ませ
何かが近づいてきはしないか
見きわめなければならないものは目の前に
えり分けなければならないものは
手の中にある
⑥午前八時一五分は
毎朝やってくる

一九四五年八月六日の朝
一瞬（いっしゅん）にして死んだ二五万人の人すべて
いま在る
あなたの如（ごと）く　私の如く
やすらかに　美しく　⑦油断していた。

（光村図書　国語3より）

(1) この詩の文体と形式上の分類を漢字五字で答えなさい。(10点)

(2) ――線①「一九四五年八月六日」とは、何があった日か。次の文に合う言葉を詩の中からそれぞれ二字で抜き出しなさい。(完答10点)

・□□に□□が投下された日。

入試に出る!

(3) ――線②「すでに此の世にないもの」において用いられている表現技法を次のア～オから一つ選び、記号で答えなさい。(10点)

ア 比喩　イ 倒置法　ウ 反復法
エ 対句法　オ 体言止め

よくでる

(4) ――線③「友よ」の「友」とは、誰のことを指しているか。ふさわしいものを次のア～エから一つ選び、記号で答えなさい。(10点)

ア 広島に住む人々　イ 作者のごく親しい友人
ウ 被爆した人々　エ 現代を生きる私たち

［　　］

(5) ――線④「戦火の跡も……朝の顔を」とは、どのようなことを表しているか。ふさわしいものを次から一つ選び、記号で答えなさい。(12点)

ア 作者の周囲にいる人々はやさしく健康的であり、再び戦争が起きるとは考えにくいということ。

イ 現代が平和な時代であり、戦争の記憶がもはや薄れてきているということ。

ウ 敗戦から復興し人々がたくましく生きていることが、いかにも頼もしいということ。

エ 戦争の記憶を忘れさせてくれるような、さっぱりとした顔に囲まれて生活したいということ。

［　　］

(6) ――線⑤「りつぜんとする」とあるが、

A このように作者が感じるのは、現在の世界がどのような状況にあると考えているためか。次の文に合う言葉を詩の中から九字で抜き出しなさい。(12点)

・□□□□□□□□□にある状況。

B 作者はなぜ「りつぜんとする」のか。次の文に当てはまる言葉を詩の中から抜き出しなさい。(12点)

・明日の表情の中に［　　］を想像してしまうから。

難

(7) ――線⑥「午前八時……やってくる」を言い換えた文としてふさわしいものを次のア～エから一つ選び、記号で答えなさい。(12点)

ア 核兵器が再び使われてもおかしくない状況の中で、私たちは暮らしているということを忘れてはならない。

イ 午前八時一五分は毎朝やって来るが、この時刻こそ何が起きてもおかしくない時間なのだ。

ウ むごたらしい記憶を呼び起こすような、午前八時一五分という時刻が毎朝来るのが苦痛だ。

エ 当たり前のように続いている平和な日々が毎朝やってくることに、私たちは感謝するべきだ。

［　　］

(8) ――線⑦「油断」とは、現代ではどのような状態のことを指すか。ふさわしくないものを次のア～エから一つ選び、記号で答えなさい。(12点)

ア 自分たちが置かれている状況について深く考えず、いつも通り、朝の挨拶を交わしている状態。

イ 自分自身は悲惨な出来事とは関係がないかのようにふるまって、日々を安穏と生きている状態。

ウ たとえ原爆が投下されたとしても、必ず生き残ることができると確信している状態。

エ 異常な事態が起きていると知りながら、見て見ぬふりをし続けている状態。

［　　］

# STEP 1 要点チェック

## 1 性格把握(はあく) ポイント

物語の主人公（登場人物）の心情をとらえるには、その人物の性格を把握(はあく)することが重要である。

❶ 状況(じょうきょう)と行動

主人公の性格をつかむには、ある状況でどのような行動をとるかを読み取ることが大切である。

❷ 言葉遣(づか)い・表情・態度

主人公の性格は、言葉遣いや表情・態度などからも読み取ることができる。

**くわしく**

物語の時代背景を把握することも、登場人物の性格をとらえるときのポイントとなる。その時代の人々の考え方・生き方などが根底にあるので、それらを確認(かくにん)して読み進める。

## 2 心情変化 必ずチェック

物語などの主題を読み取るうえで、主人公の心情の変化をとらえることはとても重要である。場面や出来事によって移り変わる心情を正確におさえる。

◆「出来事」→「心情の変化」→「行動」→「出来事」→……という描写(びょうしゃ)が繰(く)り返されることによって、主人公が成長していく。

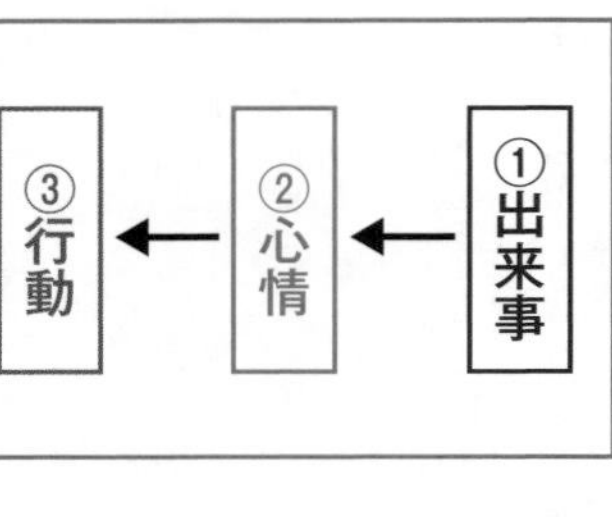


例

①出来事
来週、ゆみこが大好きな親戚(しんせき)のお兄さんが遊びに来ることになった。

②心情
ゆみこはうれしくなって、うきうきした気持ちになった。

③行動
「お母さん、今日はゆみこがお庭のお掃除(そうじ)をする！」
ふだんは嫌(いや)がる庭掃除だが、その日はすすんで手伝いをした。

**よくでる 性格を表す言葉**

性格を表す言葉には次のようなものがある。

例
・気が弱い　・気が強い
・明るい　・気が短い（怒(おこ)りっぽい）
・穏(おだ)やか　・根気強い
・強情(ごうじょう)　・照れ屋（恥(は)ずかしがり屋）
・おとなしい　・我慢(がまん)強い
・負けず嫌(ぎら)い　・優(やさ)しい
・真面目　・お調子者

**よくでる 心情を表す言葉**

心情を表す言葉には次のようなものがある。

例
・楽しい　・うれしい
・うきうき　・驚(おどろ)く
・動揺(どうよう)する　・がっかり
・悲しい　・情けない
・戸惑(とまど)う　・迷う
・悔(くや)しい　・もどかしい
・焦(あせ)る　・いらだつ

STEP 2 基本問題

テスト5日前から確認!

別冊解答P・7

得点 /100点

1 次の文章を読んで、あとの問いに答えなさい。(各20点)

親譲りの無鉄砲で、子どもの時から損ばかりしている。小学校にいる時分、学校の二階から飛び降りて、一週間ほど腰を抜かしたことがある。なぜそんなむやみをしたと、きく人があるかもしれぬ。別段深い理由でもない。新築の二階から首を出していたら、同級生の一人が冗談に、いくらいばっても、そこから飛び降りることはできまい、弱虫やあい、とはやしたからである。人におぶさって帰ってきた時、おやじが大きな目をして、二階ぐらいから飛び降りて腰を抜かすやつがあるか、と言ったから、この次は抜かさずに飛んでみせますと答えた。

(教育出版 伝え合う言葉 中学国語2 夏目漱石「坊っちゃん」より)

(1) この場面からわかる主人公の性格を、二つ答えなさい。

[　　　　] [　　　　]

(2) ――線部「おやじが大きな目をして」とあるが、この表情からわかる「おやじ」の心情としてふさわしいものを次のア～エから一つ選び、記号で答えなさい。

ア 心配　イ 戸惑い　ウ 怒り　エ いらだち

[　　]

2 次の文章を読んで、あとの問いに答えなさい。(40点)

四国にある中学校へ数学の教師として赴任することになった坊っちゃんを、幼い頃から奉公(他人の家に雇われて家事などの仕事をすること)をしていた清が見送りに来た。

出立の日には朝から来て、いろいろ世話をやいた。来る途中小間物屋で買ってきた歯みがきとようじと手拭いを、ズックのかばんに入れてくれた。そんな物はいらないと言っても、なかなか承知しない。車を並べて停車場へ着いて、プラットフォームの上へ出た時、車へ乗り込んだ俺の顔をじっと見て、「もうお別れになるかもしれません。*ずいぶんごきげんよう。」と、小さな声で言った。目に涙がいっぱいたまっている。俺は泣かなかった。しかし、もう少しで泣くところであった。汽車がよっぽど動きだしてから、もうだいじょうぶだろうと思って、窓から首を出して、振り向いたら、やっぱり立っていた。なんだか大変小さく見えた。

(教育出版 伝え合う言葉 中学国語2 夏目漱石「坊っちゃん」より)

(注)*ずいぶん…くれぐれも。

(1) ――線部「やっぱり立っていた」とあるが、ここからわかる「清」の心情を考えて答えなさい。

[　　　　]

テスト 3日前 から確認!

得点 ／100点

別冊解答P.7

**1** 次の文章を読んで、あとの問いに答えなさい。

①メロスは激怒した。必ず、かの邪知暴虐の王を除かなければならぬと決意した。メロスには政治がわからぬ。メロスは、村の牧人である。笛を吹き、羊と遊んで暮らしてきた。けれども邪悪に対しては、人一倍に敏感であった。今日未明、メロスは村を出発し、野を越え山越え、十里離れたこのシラクスの町にやって来た。メロスには父も、母もない。女房もない。十六の、内気な妹と二人暮らしだ。この妹は、村のある律儀な一牧人を、近々花婿として迎えることになっていた。結婚式も間近なのである。メロスは、それゆえ、花嫁の衣装やら祝宴のごちそうやらを買いに、はるばる町にやって来たのだ。まず、その品々を買い集め、それから都の大路をぶらぶら歩いた。メロスには竹馬の友があった。セリヌンティウスである。今はこのシラクスの町で、石工をしている。その友を、これから訪ねてみるつもりなのだ。久しく会わなかったのだから、訪ねていくのが楽しみである。歩いているうちにメロスは、②町の様子を怪しく思った。ひっそりしている。もう既に日も落ちて、町の暗いのはあたりまえだが、けれども、なんだか、夜のせいばかりではなく、町全体が、やけに寂しい。のんきなメロスも、だんだん不安になってきた。道で会った若い衆を捕まえて、何かあったのか、二年前にこの町に来たときは、夜でも皆が歌を歌って、町はにぎやかであったはずだが、と質問した。若い衆は、③首を振って答えなかった。しばらく歩いて老爺に会い、今度はもっと語勢を強くして質問した。老爺は答えなかった。メロスは両手で老爺の体を揺すぶって質問を重ねた。老爺は、辺りをはばかる低声で、僅か答えた。

「④王様は、人を殺します。」

「なぜ殺すのだ。」

「悪心を抱いているというのですが、誰もそんな、悪心をもってはおりませぬ。」

「たくさんの人を殺したのか。」

「はい、初めは王様の妹婿様を。それから、ご自身のお世継ぎを。それから、妹様を。それから、妹様のお子様を。それから、皇后様を。それから、賢臣のアレキス様を。」

「驚いた。国王は乱心か。」

「いいえ、乱心ではございませぬ。人を信ずることができぬというのです。このごろは、臣下の心をもお疑いになり、少しく派手な暮らしをしている者には、人質一人ずつ差し出すことを命じております。ご命令を拒めば、十字架にかけられて殺されます。今日は、六人殺されました。」

聞いて、メロスは激怒した。「⑤あきれた王だ。生かしておけぬ。」

メロスは単純な男であった。買い物を背負ったままで、のそのそ王城に入っていった。

（光村図書 国語2 太宰治「走れメロス」より）

(1) ——線①「メロス」について、

A 人物像としてふさわしいものを次のア～エから一つ選び、記号で答えなさい。（10点）

ア 常に王の暗殺を企んでいる人物である。

イ 働かず、遊んでばかりいる人物である。

ウ あらゆる邪悪を許せない性格である。

エ 政治に対して人一倍敏感である。

［　　］

B メロスの性格を表現した言葉を、次の□に当てはまるように、本文中から二字で抜き出しなさい。（10点）

□□な男

C 何のためにシラクスの町へ来ているのか。本文中の言葉を使って二つ答えなさい。（各12点）

［　　］［　　］

(2) ——線②「町の様子」はどうであったのか。ふさわしいものを次のア～エから一つ選び、記号で答えなさい。（10点）

ア 夜明け前だったので、町は静まり返り、メロスが二年前に見た様子とあまり変化はなかった。

イ 夜明け前だったが町はにぎやかで、メロスが二年前に見た様子とは違っていた。

ウ すでに夜だったので、町は静まり返っていたが、メロスが二年前に見た様子とあまり変化はなかった。

エ すでに夜だったので、町は静まり返っていたが、あまりに静かでメロスが二年前に見た様子とは違っていた。

［　　］

(3) ——線③「首を振って答えなかった」とあるが、それはなぜか。「悪心」「疑われる」という言葉を使って答えなさい。（12点）

［　　］

(4) ——線④「王様は、人を殺します」とあるが、なぜ人を殺すのか。次の文に合うように、本文中から十一字で抜き出しなさい。（12点）

□□□□□□□□□□□から。

(5) ——線⑤「買い物を背負ったままで……入っていった」から読み取れるメロスの性格としてふさわしいものを次のア～エから一つ選び、記号で答えなさい。（10点）

ア 常に慎重で計画的に行動する男である。

イ 勇気があり正義感が強いが、短絡的で直情的なところがある。

ウ おとなしい反面、激情に駆られると我を見失うところがある。

エ 怒りっぽく人の意見に耳を貸さない男である。

［　　］

(6) 本文の内容と合うものを次のア～エから一つ選び、記号で答えなさい。（12点）

ア メロスは邪知暴虐の王に反逆することを決意し、村からはるばるシラクスまでやってきた。

イ メロスは近々妻をもつことになっており、結婚式も間近であるため、シラクスへ買い物にやってきた。

ウ メロスには妹以外に肉親はおらず、その妹も近々結婚することになっていた。

エ メロスは未明に村を出発し、午前中にはシラクスに到着し、まず旧友に会いにいった。

［　　］

# 説明的文章の読解Ⅱ

## STEP 1 要点チェック

テスト1週間前から確認！

### 1 話題 必ずチェック

説明的文章では、段落ごとに話題（テーマとなっている事柄）をつかむことが重要である。

❶ 話題をつかむヒントになる言葉に着目する →「～について」「～に関して」「どうして～か」「どのようにして～か」など。

❷ 接続語・指示語のあとに着目する →「つまり」「要するに」「このように」などのあとに、筆者の考えがまとめてある。

❸ キーワードに着目する →何度も繰り返し出てくる言葉は、話題となっていることが多い。

### 2 要点 ポイント

説明的文章では、段落ごとに要点をつかんでいくとよい。

❶ 段落の要点をつかむ

段落の要点をつかむには、中心文（筆者が最も述べたいと思っていることを端的に述べた文）を探すとよい。その際、具体例などを省いていくと見つけやすくなる。この中心文が要点となる。

❷ 段落の役割

段落にはさまざまな役割がある。説明的文章を読むときには、それぞれの段落がどんな役割をしているのかをおさえるとよい。

◆ 問題提起…問題を投げかけている部分
◆ 具体例…具体的な例を挙げて説明している部分
◆ 反対意見…反対意見を提示したり比較したりしている部分
◆ 結論…結論を述べている部分

**くわしく**

**意味段落に分ける**

文章をいくつかの段落に分ける問題は、話題に注意して形式段落どうしのつながりを考え、大きな意味のまとまりに分けることで解ける！

**よくでる 注目すべき接続語**

「つまり」「要するに」のほかに、「したがって」「だから」「しかし」などのあとにも話題がある。

例
・したがって、本を読むということは、自分の知識を増やすことへの近道であると言えるのだ。
・だから、バランスのとれた食事が重要なのである。
・しかし、それには太陽の存在があったことも忘れてはならない。

**ミス注意！**

中心文をとらえるために、説明的文章を読むときには、次の点をおさえておく。

① **筆者の意見を述べた部分に着目する。**
② **結論を述べた段落に着目する。**
③ **キーワードが使われている文に着目する。**

※大切だと思われる部分に線を引いたり、丸で囲ったりしながら読み進めていくと、整理しやすい。

STEP 2 基本問題

テスト5日前から確認!

別冊解答P・7

得点 /100点

1 次の文章を読んで、あとの問いに答えなさい。（各25点）

「命の星」「緑の惑星」――このように呼ばれる地球には、私たち生物の命を育む環境がみごとに整っています。長い時間をかけて多くの天文学者たちが生命の存在を求めて宇宙を探索していますが、いまだ地球以外の天体で生命を発見することができていません。私たちのエネルギーのもととなる太陽との距離や地球自身の大きさや質量などいろいろな条件が奇跡のように重なって、この地球上に生命が生まれ、育ってきたのです。そうしたことから地球を「奇跡の星」と呼ぶ人もいます。

（三省堂　現代の国語2　渡部潤一「人間は他の星に住むことができるのか」より）

(1) この段落の話題を、本文中から二字で抜き出しなさい。

(2) この段落の要点を書きなさい。

2 次の文章を読んで、あとの問いに答えなさい。（25点）

火星は太陽から遠いため、表面に届く太陽のエネルギーの量は、地球に届く量の半分程度しかありません。そのため、火星は地球と比べて非常に寒く、平均表面温度はマイナス四三度、最低温度はマイナス一四〇度にもなります。それで、火星の水は氷として地下に眠っているわけです。

この氷を溶かして水にすることができたら、私たちが火星に移り住む可能性は広がります。地下の氷を溶かして海や川をつくるため、火星の大気を増やし、地表温度を上げるための研究も、現在進められているのです。

（三省堂　現代の国語2　渡部潤一「人間は他の星に住むことができるのか」より）

(1) この文章の要点を書きなさい。

3 次の文章を読んで、あとの問いに答えなさい。（25点）

水は、人間の体をつくるものであり、水がない環境では人間は生きてはいけません。また、大気というのは、熱を逃さない毛布のような役割を果たします。大気がないと、その星の温度は急激に下がったり、上がったりしてしまうため、安定しません。大気がない星というのは、人間が生きていくには厳しい環境だといえます。そのうえ、月は重力も地球の六分の一程度しかありません。したがって、月は人間が生きていける環境の条件を満たしていません。

（三省堂　現代の国語2　渡部潤一「人間は他の星に住むことができるのか」より）

(1) この文章の中心文となる一文を、本文中から抜き出しなさい。

# 得点アップ問題

別冊解答 P.7

得点　／100点

テスト3日前から確認!

**1** 次の文章を読んで、あとの問いに答えなさい。（各9点）

①君たちはモアイを知っているだろうか。それは、人間の顔を彫った巨大な石像であり、大きなものでは高さ二十メートル、重さ八十トンにも達する。モアイは、南太平洋の絶海の孤島イースター島にある。イースター島は、日本の種子島の半分にも満たない大きさの火山島だ。この小さな島で、これまでに千体近いモアイが発見されている。

②いったいこの膨大な数の巨像を誰が作り、あれほど大きな像をどうやって運んだのか。また、あるときを境として、この巨像モアイは突然作られなくなる。いったい何があったのか。モアイを作った文明はどうなってしまったのだろうか。実は、この絶海の孤島で起きた出来事は、私たちの住む地球の未来を考えるうえで、とても大きな問題を投げかけているのである。これまでにわかってきたイースター島の歴史について述べながら、モアイの秘密に迫っていきたい。

③絶海の孤島の巨像を作ったのは誰か。謎が謎を呼び、宇宙人がやって来て作ったのではないかという説まで飛び出した。しかし、最近になって、それは西方から島伝いにやって来たポリネシア人であることが判明した。墓の中の化石人骨の分析や、彼らが持ってきたヒョウタンなどの栽培作物の分析から明らかになったのだ。さらに、初期の遺跡から出土した炭化物を測定した結果、ポリネシア人が最初にこの島にやって来たのは、五世紀頃であることも明らかになった。

④その頃、人々はポリネシアから運んできたバナナやタロイモを栽培し、豊かな海の資源を採って生活していた。そして、十一世紀頃、突然巨大なモアイの製造が始まる。同じ時期に、遺跡の数も急増しており、この島の人口が急激に増加を始めたことがわかる。人口は百年ごとに二倍ずつ増加し、十六世紀には一万五千から二万に達していたと推定されている。

（光村図書　国語2　安田喜憲「モアイは語る—地球の未来」より）

よくでる

(1) この文章の話題は何か。本文中から三字で抜き出しなさい。

□□□

(2) (1)はどのようなものか。本文中から十三字で抜き出しなさい。

□□□□□□□□□□□□□

(3) ——線部「それ」とは何か。本文中の言葉を使って答えなさい。

［　　］

(4) ②・③段落のそれぞれの要点としてふさわしいものを次のア～オから一つずつ選び、それぞれ記号で答えなさい。

ア　モアイを作ったのはポリネシア人であることがわかった。
イ　モアイとはどのようなものであるか。
ウ　モアイを作ったのは宇宙人であるという説がある。
エ　イースター島の歴史と地球の未来には関係がある。
オ　イースター島の大きさは種子島の半分にも満たない。

②［　］　③［　］

## 2 次の文章を読んで、あとの問いに答えなさい。

千体以上のモアイの巨像を作り続けた文明は、十七世紀後半から十八世紀前半に崩壊したと推定されている。

①イースター島のこのような運命は、私たちにも無縁なことではない。

日本列島において文明が長く繁栄してきた背景にも、国土の七十パーセント近くが森で覆われているということが深く関わっている。日本列島だけではない。地球そのものが、森によって支えられているという面もある。森林は、文明を守る生命線なのである。

現代の私たちは、地球始まって以来の異常な人口爆発の中で生きている。一九五〇年代に二十五億足らずだった地球の人口は、半世紀もたたないうちに、その二倍の五十億を突破してしまった。イースター島の急激な人口の増加は、百年に二倍の割合であったから、いかに現代という時代が異常な時代であるかが理解できよう。

このまま人口の増加が続いていけば、二〇三〇年には八十億を軽く突破し、二〇五〇年には九十億を超えるだろうと予測される。しかし、地球の農耕地はどれほど耕しても二十一億ヘクタールが限界である。そして、二十一億ヘクタールの農耕地で生活できる地球の人口は、八十億がぎりぎりである。食料生産に関しての革命的な技術革新がないかぎり、地球の人口が八十億を超えたとき、食料不足や資源の不足が恒常化する危険性は大きい。

絶海の孤島のイースター島では、②森林資源が枯渇し、島の住民が飢餓に直面したとき、どこからも食料を運んでくることができなかった。地球も同じである。広大な宇宙という漆黒の海にぽっかりと浮かぶ青い生命の島、地球。その森を破壊し尽くしたとき、その先に待っているのはイースター島と同じ飢餓地獄である。とするならば、私たちは、今あるこの有限の資源をできるだけ③効率よく、長期にわたって利用する方策を考えなければならない。それが、人類の生き延びる道なのである。

（光村図書　国語2　安田喜憲「モアイは語る―地球の未来」より）

(1) ――線①「イースター島の……無縁なことではない」とあるが、それはなぜか。次の文の□に当てはまる言葉を、解答欄の字数で本文中から抜き出しなさい。(各9点)

・異常な［A］により、［B］や［C］が恒常化する危険性が大きいから。

A □□□□
B □□□□
C □□□□

難 (2) ――線②「森林資源」を、筆者はどのように言い換えているか。本文中から八字で抜き出しなさい。(9点)

□□□□□□□□

(3) ――線③「それ」とは何か。本文中の言葉を使って「〜こと。」に続く形で答えなさい。(10点)

［　　　　］こと。

入試に出る! (4) 本文の内容と合うものを、次の**ア**〜**エ**から一つ選び、記号で答えなさい。(9点)

**ア** イースター島は、かつて島の七十パーセントが森に覆われていた。
**イ** イースター島の人口増加は、半世紀に約二倍の速度であった。
**ウ** 地球上の食料や資源は二〇三〇年には不足する見込みである。
**エ** 地球上の食料問題を解決する技術は、すでに開発済みである。

［　　］

# 6 短歌・俳句の読解

## STEP 1 要点チェック

### 1 短歌 おぼえる!

短歌とは、五音・七音・五音・七音・七音の五句三十一音から成る定型詩の一種である。数えるときは「首」という単位を用いて、一首、二首のように数える。

❶ **短歌の句切れ**　句切れとは、意味や調子のうえで、あとの句に続かず切れるところのこと。

❷ **短歌の鑑賞**　短歌の次のような点に注意し、作者の感動を感じ取ることが大切である。

(1) 短歌に詠まれている情景をとらえる。

(2) 作者の感動を表す言葉や表現技法の使われ方から感動をとらえる。

> 例　白鳥は　かなしからずや　空の青　海のあをにも　染まずただよふ　若山牧水
>
> ↓「や」「かな」「かも」などの語がつく言葉は、作者の感動を表す。

(3) 作者の視線の先にあるものや、作者の動作から、感動をとらえる。

### 2 俳句 おぼえる!

俳句とは、五音・七音・五音の三句十七音から成る定型詩の一種である。数えるときは「句」という単位を用いて、一句、二句のように数える。

❶ **俳句のきまり**

(1) 句切れ…俳句にも句切れがある。「初句切れ」「二句切れ」があり、三句まで意味が切れないものを「句切れなし」という。句切れを表す切れ字（↓下段）もある。

(2) 季語（↓下段）…俳句には、その句の季節感を表す語（季語）を詠み込むというきまりがある。

❷ **俳句の鑑賞**　俳句の次のような点に注意し、作者の感動を感じ取ることが大切である。

(1) 季語から、俳句に詠まれた季節をとらえる。

(2) 句切れや切れ字から、作者の感動をとらえる。

(3) 表現技法（↓P.46）など、表現の工夫が凝らされているところから、作者の感動をとらえる。

---

**よくでる 切れ字とは**

「か」「かな」「けり」「や」「ぞ」など、俳句の句切れのところに用いられる言葉を切れ字という。

切れ字は、句切れを示すだけではなく、作者の感動の中心も表している。

例　赤蜻蛉　筑波に雲も　なかりけり　正岡子規

→「けり」が切れ字である。このことから、この俳句は句切れなしであることと、「なかりけり」が感動の中心であることがわかる。

**◆代表的な季語**

| 季節 | 時期 | 季語 |
|---|---|---|
| 新年 | 正月 | 雑煮　初夢　七草 |
| 春 | 旧暦一～三月（現在の二～四月頃） | 朧月　陽炎　水温む　茶摘　雛祭　蛙　鶯　蝶　梅　桜　つくし |
| 夏 | 旧暦四～六月（現在の五～七月頃） | 土用　梅雨　清水　更衣　花火　金魚　かぶと虫　若葉 |
| 秋 | 旧暦七～九月（現在の八～十月頃） | 残暑　夜長　野分　稲刈　夜なべ　七夕　鹿　鰯　柿　桐一葉 |
| 冬 | 旧暦十～十二月（現在の十一～一月頃） | 小春　節分　枯野　豆まき　兎　河豚　山茶花　みかん |

# STEP 2 基本問題

テスト5日前から確認!

別冊解答P.8

得点　　／100点

## 1 次の短歌を読んで、あとの問いに答えなさい。(各8点)

くれなゐの二尺伸びたる薔薇の芽の針やはらかに春雨のふる　　正岡子規

(1) この短歌の上の句と下の句を抜き出しなさい。

上の句[　　]
下の句[　　]

(2) この短歌の四句にあたる部分を抜き出しなさい。

[　　]

(3) この短歌の句切れとして、ふさわしいものを次のア〜オから一つ選び、記号で答えなさい。

ア 初句切れ　イ 二句切れ　ウ 三句切れ
エ 四句切れ　オ 句切れなし

[　　]

## 2 次のA・Bの俳句を読んで、あとの問いに答えなさい。

A 赤い椿白い椿と落ちにけり　　河東碧梧桐
B 金剛の露ひとつぶや石の上　　川端茅舎

(1) この二つの句の季語と、季語が表す季節をそれぞれ答えなさい。(各7点)

A 季語[　　] 季節[　　]
B 季語[　　] 季節[　　]

(2) この二つの句の句切れとしてふさわしいものを、次のア〜エから選び、それぞれ記号で答えなさい。(各7点)

ア 初句切れ　イ 二句切れ
ウ 中間切れ　エ 句切れなし

A[　　] B[　　]

(3) この二つの句の切れ字をそれぞれ抜き出しなさい。(各9点)

A[　　] B[　　]

(4) Aの句の表現上の特徴について正しく述べているものを次のア〜エから一つ選び、記号で答えなさい。(8点)

ア 倒置法が用いられている。
イ 直喩が用いられている。
ウ 体言止めが用いられている。
エ 字余りの句である。

[　　]

STEP 3

# 得点アップ問題

別冊解答 P.8

得点 ／100点

テスト 3日前 から確認！

**1** 次のA〜Dの短歌を読んで、あとの問いに答えなさい。

A 白鳥（しらとり）はかなしからずや空の青海のあをにも染まずただよふ　若山牧水（わかやまぼくすい）

B 街をゆき子供の傍（そば）を通る時蜜柑（みかん）の香（か）せり冬がまた来る　木下利玄（きのしたりげん）

C わがシャツを干さん高さの向日葵（ひまわり）は明日ひらくべし明日を信ぜん　寺山修司（てらやましゅうじ）

D 思い出の一つのようでそのままにしておく麦わら帽子（ぼうし）のへこみ　俵万智（たわらまち）

(1) 二句切れの短歌をA〜Dの中から一つ選び、記号で答えなさい。（8点）［　］

(2) 体言止めが用いられている短歌をA〜Dの中から一つ選び、記号で答えなさい。（8点）［　］

(3) A・B・Cの短歌とDの短歌との特徴（とくちょう）の違（ちが）いについて、ふさわしいものを次の**ア**〜**エ**から一つ選び、記号で答えなさい。（8点）

**ア** A・B・Cは短歌の定型通りの音の数であるが、Dはリズムを崩（くず）すことで印象を強めている。

**イ** A・B・Cの短歌には直喩（ちょくゆ）法が用いられているが、Dには用いられていない。

**ウ** A・B・Cは短歌の内容から季節が特定できるが、Dは特定できない。

**エ** A・B・Cは文語体で書かれているが、Dは現代語であり、話し言葉や会話も取り入れられている。［　］

(4) Aの短歌について、

① この短歌の感動の中心が表れているのはどの部分か。次の［　］に当てはまる語を漢字一字で答えなさい。（4点）［　］句

② 作者が「白鳥」に見出（いだ）している思いとしてふさわしいものを次の**ア**〜**エ**から一つ選び、記号で答えなさい。（4点）

**ア** 人間どうしが互（たが）いに影響（えいきょう）を与（あた）え合い生きることの大切さ。

**イ** 不運な出来事にも悲しむことがない立ち直りの早さ。

**ウ** 周囲に流されることなく、自分の意志をつらぬく強さ。

**エ** とくに目的もなく、海上をただようことへのあこがれ。［　］

よくでる

(5) Bの短歌に込（こ）められた作者の思いとしてふさわしいものを次の**ア**〜**エ**から一つ選び、記号で答えなさい。（8点）

**ア** 街ですれちがった子どもが、なぜか蜜柑の香（かお）りを発していたことへの不思議さ。

**イ** 寒さの厳しい冬が好きではないために、街を歩いていても頭から離（はな）れないゆううつさ。

**ウ** 季節が変わるたびに旬（しゅん）の果物が食べたくなるという、素朴（そぼく）でむじゃきな欲求。

**エ** 日常の中のふとした香りに、季節の移り変わりを感じ取ったときの新鮮（しんせん）な驚（おどろ）き。［　］

(6) Cの短歌の主題としてふさわしいものを次のア〜エから一つ選び、記号で答えなさい。(8点)

ア 向日葵が咲く時期が誰にもわからないのと同じで、物事を心配しても仕方がないという余裕。

イ すっかり大きくなった向日葵に思いを託し、自分を信じて生きることを決心している心境。

ウ 自分が望む日に向日葵が咲くべきだと考えるように、すべてを自分の思い通りにしたい気持ち。

エ 向日葵が明日咲くことが決められているように、型にはまった毎日に希望が見出せない切なさ。 ［　　］

(7) Dの短歌に歌われている心情としてふさわしいものを次のア〜エから一つ選び、記号で答えなさい。(8点)

ア 夏が近づき、これからの夏の計画で頭がいっぱいになっている。

イ ようやく夏になり、麦わら帽子をかぶることに喜びを感じている。

ウ 夏が終わりに近づき、夏の間の出来事を回想している。

エ すでに寒い季節だが、麦わら帽子に愛着を感じてかぶっている。 ［　　］

## 2 次のA〜Cの俳句を読んで、あとの問いに答えなさい。

A 古池や蛙飛こむ水のおと　松尾芭蕉

B ゆさゆさと大枝ゆるる桜かな　村上鬼城

C 春風や闘志いだきて丘に立つ　高浜虚子

(1) A〜Cの句に共通していることは何か。次のア〜オから二つ選び、記号で答えなさい。(各8点)

ア すべて体言止めを用いた句である。

イ すべて切れ字を用いた句である。

ウ すべて初句切れの句である。

エ すべて春の季語を用いた句である。

オ すべて字余りの句である。 ［　　］［　　］

入試に出る!

(2) Aの句の鑑賞文としてふさわしいものを次のア〜エから一つ選び、記号で答えなさい。(10点)

ア 蛙が池に飛び込む音について歌うことで、周囲の静けさを余韻とともに描いている。

イ 蛙が池に飛び込む小さな音を描くことで、主に作者の注意力や集中力が強調されている。

ウ 古池・蛙・水の音という、関係のない三つの事柄が詠み込まれ、視覚的ににぎやかである。

エ 蛙が何匹も続いて池に飛び込む様子を描き、聴覚が刺激されるような華やかな句となっている。 ［　　］

(3) Bの句から感じられる、「桜」のイメージとしてふさわしいものを次のア〜エから一つ選び、記号で答えなさい。(8点)

ア 命のはかなさ　イ 生きることの悲しさ

ウ 豊かな生命力　エ 不安定な危うさ ［　　］

難

(4) Cの句から読み取れる作者の心境としてふさわしいものを次のア〜エから一つ選び、記号で答えなさい。(10点)

ア 心地よい春風に吹かれ、高ぶっていた気持ちを落ち着かせようとしている。

イ うららかな春風を肌で感じたことで、闘志が低下していくようで困っている。

ウ 気分を一新する春風と、ずっと変わらない闘志の両方を感じたいと願う欲の深さ。

エ 生命力にあふれた春の訪れとともに、作者も気持ちを奮い立たせている。 ［　　］

# 文学的文章の読解Ⅲ

## STEP 1 要点チェック

### 1 物語文の主題 ポイント

物語文の主題（作者の言いたいこと、テーマ）は、登場人物の心情・言動・経験する出来事によって表現されていることが多い。したがって、次の点に着目して主題をとらえる。

| | |
|---|---|
| あらすじ・場面をつかむ | あらすじとは、物語全体の流れを簡潔にまとめ、要約したもの。まずは話の流れをおおまかにつかむ。<br>次に、時間・場所・人物・出来事などに着目し、場面ごとに内容をとらえる。 |
| 心情をとらえる | 主人公の気持ちや考えをとらえる。人や動物などとの関わりを通して、どのように心情が変化していくか、発言や行動などからも読み取ることができる。 |
| 山場（クライマックス）をおさえる | どのような出来事が起きたか、物語の流れを変えた出来事がないかなどに着目し、山場をとらえる。登場人物の心情の変化や性格にも着目する（性格把握(はあく)は➡P.50へ）。ここでの内容が主題に直接関わっていることが多い。 |
| 主題をとらえる | 主人公の言動や考え方に着目し、作者の主張をとらえる。 |

### 2 随筆文(ずいひつぶん)の読解 ポイント

随筆文は、筆者が経験した出来事と、そこから感じたことや考えたことを中心として構成されていることが多い。したがって、次の点に着目して主題をとらえるとよい。

| | |
|---|---|
| 話題をとらえる | まず、どんな人が何について書いた文章なのかを、おおまかにつかむ。 |
| 出来事と感想を読み分ける | 筆者が見たり聞いたりしたこと（＝出来事）と、出来事について筆者が考えたこと（＝感想）を正確に読み分ける。<br>➡「〜思う」「〜ではないだろうか」など、考えを表す言葉に注意。 |
| 主題をとらえる | 文章全体を通して、筆者が何を伝えたかったのかをつかむ。<br>➡・筆者独特の表現に注意して、筆者のものの見方、考え方をとらえる。<br>・筆者の感想を述べた部分に着目する。 |

---

**くわしく**

**文学的文章の種類**

①物語文…登場人物が経験する出来事や、登場人物の心情・行動によって描(えが)かれる文章。

②随筆文（エッセイ）…筆者の体験や見聞きした物事について、筆者の考え方や感じたことなどが書かれた文章。

**よくでる** 物語の主題

物語で主題とされやすいものには、次のようなものが挙げられる。

① 家族の絆(きずな)
② 強い友情
③ 夢と現実の間の葛藤(かっとう) など

一度主題をとらえておくと、同じ題材を取り扱(あつか)った物語を読むとき理解しやすくなる。

**くわしく**

**随筆文と説明的文章**

随筆文には、説明的文章（論説文）に近い、意見や見解、主張が述べられているものもある。基本的には、事実をもとに、検証または実験した結果を主に述べているものが説明的文章、筆者の個人的な体験や思いを述べた部分の比重が高いものが随筆文である。

STEP 2

# 基本問題

テスト5日前から確認！

別冊解答 P・9

得点 ／100点

## 1 次の文章を読んで、あとの問いに答えなさい。（35点）

千穂は足の向きを変え、細い道を上る。どうしても、あの樹が見たくなったのだ。塾の時間が迫っていたけれど、我慢できなかった。ふいに鼻腔をくすぐった緑の香りが自分を誘っているように感じる。大樹が呼んでいるような気がする。

だけど、まだ、あるだろうか。とっくに切られちゃったかもしれない。切られてしまって、何もないかもしれない。心が揺れる。どきどきする。

「あっ！」

叫んでいた。大樹はあった。四方に枝を伸ばし、緑の葉を茂らせて立っていた。昔と同じだった。何も変わっていない。

（あさのあつこ「みどり色の記憶」より）

(1) この場面では「千穂」のさまざまな心情が描かれているが、「千穂」の心情としてふさわしくないものを、次のア〜エから一つ選び、記号で答えなさい。

**ア** 大樹を見たいという気持ちを抑えきれなかった。
**イ** 大樹が呼んでいる声が聞こえてとても感動した。
**ウ** 大樹がないかもしれないという不安に駆られた。
**エ** 大樹を見るまで緊張していた。

[ ]

## 2 次の文章を読んで、あとの問いに答えなさい。

冗談じゃないぞ、と思った。これでは、遺言を聞くために会ったようなものではないか。そういえば、さっきの握手もなんだか変だった。「それは実に穏やかな握手だった。ルロイ修道士は病人の手でも握るようにそっと握手をした。」というように感じたが、実はルロイ修道士が病人なのではないか。元園長は何かの病にかかり、この世のいとまごいに、こうやって、かつての園児を訪ねて歩いているのではないか。

「日本でお暮らしになっていて、楽しかったことがあったとすれば、それはどんなことでしたか。」

先生は重い病気にかかっているのでしょう、そして、これはお別れの儀式なのですねときこうとしたが、さすがにそれははばかられ、結局は、平凡な質問をしてしまった。

（光村図書　国語3　井上ひさし「握手」より）

(1) ――線部「平凡な質問をしてしまった」とあるが、なぜか。本文中の言葉を使って答えなさい。（35点）

[ ]

(2) この場面における主題としてふさわしいものを次のア〜エから一つ選び、記号で答えなさい。（30点）

**ア** 「ルロイ修道士」と再会できたことへの喜び。
**イ** 「ルロイ修道士」の「遺言」に対する怒り。
**ウ** 「ルロイ修道士」に病気のことを尋ねられないもどかしさ。
**エ** 「ルロイ修道士」との別れに対する寂しさ。

[ ]

STEP 3

# 得点アップ問題

テスト 3日前から確認！

得点 ／100点

別冊解答 P・9

**1** 次の文章を読んで、あとの問いに答えなさい。

> 死罪を言い渡された父親を助けるために、長女である「いち」は妹（まつ）、弟（長太郎）とともに奉行所に直訴し、父親の身代わりとして自分たちを殺してほしいという内容の願書を出そうとしている。

「どこへ行くのだ。さっき帰れと言ったじゃないか。」

「そうおっしゃいましたが、私どもは①お願いを聞いていただくまでは、どうしても帰らないつもりでございます。」

「ふん。しぶといやつだな。とにかくそんなところへ行ってはいかん。こっちへ来い。」

子供たちは引き返して、門番の詰所へ来た。それと同時に玄関脇から、「何だ、何だ。」と言って、二、三人の詰衆が出てきて、子供たちを取り巻いた。②いちはほとんどこうなるのを待ち構えていたように、そこにうずくまって、懐中から書付を出して、真っ先にいる与力の前に差し付けた。まつと長太郎もいっしょにうずくまって礼をした。

書付を前へ出された与力は、それを受け取ったものか、どうしたものかと迷うらしく、黙っていちの顔を見下ろしていた。

③「お願いでございます。」と、いちが言った。

「こいつらは木津川口でさらしものになっている桂屋太郎兵衛の子供でございます。親の命乞いをするのだと言っています。」と、門番が傍らから説明した。

与力は同役の人たちを顧みて、「ではとにかく書付を預かっておいて、伺ってみることにしましょうかな。」と言った。それには誰も異議がなかった。

与力は願書をいちの手から受け取って、玄関に入った。

（東京書籍　新しい国語3　森鷗外「最後の一句」より）

よくでる

(1) ――線①「お願い」とは何か。本文中から五字で抜き出しなさい。（10点）

□□□□□

(2) ――線②について、

A 「こうなる」とは、どうなることを指しているか。ふさわしいものを次のア～エから一つ選び、記号で答えなさい。（10点）

ア 小さな騒ぎになり、奉行所が対応せざるを得なくなること。
イ 詰衆たちから叱られ、許してもらわなければならないこと。
ウ 子供だけで奉行所に来たのかと、心配してもらえること。
エ 願書を受け取るために、奉行所の人が出てくること。

［　　］

B この様子から、「いち」のどのような一面が読み取れるか。ふさわしくないものを次のア～エから一つ選び、記号で答えなさい。（10点）

ア 戦略的　イ 積極的　ウ 利発　エ 無邪気

［　　］

(3) ――線③「『お願いでございます。』と、いちが言った」とあるが、このとき、「いち」はどのような気持ちだったか。考えて書きなさい。（15点）

［　　　　　　　　］

## 2 次の文章を読んで、あとの問いに答えなさい。

私が常に作品のモティーフにしたり、随筆に書いているのは、清澄な自然と素朴な人間性に触れての感動が主である。戦後の①時代の激しく急な進みの中で、私自身、②時代離れのした道を歩んでいると思う時が多かった。しかし、今では、それで良かったと思っているし、また、③それをこれからも貫き通したいと念じている。

なぜなら、現代は文明の急速度の進展が自然と人間、人間と人間の間のバランスを崩し、地上の全存在の生存の意義と尊さを見失う危険性が、高まって来たことを感じるからである。平衡感覚を取り戻すことが必要であるのは言う迄もない。清澄な自然と、素朴な人間性を大切にすることは、人間の＊デモーニッシュな暴走を制御する力の一つではないだろうか。人はもっと謙虚に自然を、風景を見つめるべきである。それには旅に出て大自然に接することも必要であり、異なった風土での人々の生活を興味深く眺めるのも良いが、私達の住んでいる近くに、たとえば、庭の一本の木、一枚の葉でも心を籠めて眺めれば、根源的な生の意義を感じ取る場合があると思われる。

（東山魁夷「日本の美を求めて」より）

（注）＊デモーニッシュ…何かにとりつかれたような。

入試に出る!

(1) ――線①「時代の激しく急な進み」を言い換えた表現を、本文中から九字で抜き出しなさい。（12点）

□□□□□□□□□

(2) ――線②「時代離れのした道」とはどういうことか。本文中の言葉を使って答えなさい。（15点）

［　　　　　　　　］

(3) ――線③「それをこれからも貫き通したい」のはなぜか。その理由が書かれている一文を本文中から探し、はじめと終わりの五字を抜き出しなさい（句読点を含む）。（完答13点）

はじめ □□□□□　終わり □□□□□

難

(4) この文章で筆者が伝えたいことを最も端的に言い表している部分を本文中から探し、「～こと。」に続く形で十三字で抜き出しなさい。（15点）

□□□□□□□□□□□□□こと。

# 8 説明的文章の読解Ⅲ

## STEP 1 要点チェック

### 1 説明的文章の構成 必ずチェック

説明的文章は、ある物事に対して筆者が意見・主張を述べることを目的として書かれている。よって、意見・主張（＝結論）に到達するために、一般的に次のような要素で構成されていることが多い。

| | |
|---|---|
| 問題提起 | 何について述べようとしているのか、問題点を述べる・身近な事例を挙げるなど。 |
| 本論 | 結論に至るまでの筆者の考え・データや資料・論理的な根拠の提示。 |
| 具体例・換言 | 本論をより具体的に伝え、説得力をもたせるための例示。 |
| 結論 | 本論・具体例を通じて筆者が最も主張したいこと・文章を通じて訴えかけたい内容など。 |

**くわしく 説明的文章の要旨をまとめる**

「結論」を中心として、「本論」「問題提起」の必要な部分をまとめる。

「具体例・換言」は、本論や結論を補う働きをするため、必要がない限り要旨には加えなくてもよい。

### 2 要旨理解 ポイント

説明的文章では、次のような点に着目して要旨をまとめる。

❶ 文章のテーマ・話題

何について書かれた文章であるのかをとらえる。問題提起・結論に書かれていることが多い。

❷ 段落どうしの関係

各段落の要点をつかみ、段落どうしの関係に着目して文章全体の要旨をとらえる。

❸ 結論

文章を通じた筆者の結論に、文章全体の要旨が集約されていることが多い。

**ミス注意！**

**「問題提起」と「結論」の見つけ方**

◆問題提起のパターン

・読者に問いかける

例「……とは何であろうか」

・読者に提案する

例「……について考えてみましょう」

・身近な例を挙げる

例「たとえば……ということがよく見られる」

・一般論とは反対の意見を挙げ、反論する

例「実は……ではないのです」

→何が問題かを明確にするのが問題提起の役割である。

◆結論のパターン

・総論（まとめ）

→「このように」「これまで述べてきたように」などの言葉で、文章をまとめる。

・筆者の主張を述べる

→「まさに」「これこそが」などが含まれる強調文には、筆者の主張が書かれていることが多い。

・問題の核心部分を読者に投げかける

→「……について、ぜひ考えていただきたい」「この機会に、調べてみてはどうだろうか」など。

# STEP 2 基本問題

別冊解答P.9

得点　　／100点

**1** 次の文章を読んで、あとの問いに答えなさい。

社会というのは、基本的には見知らぬ者どうしが集まっている集合体であり、だから、そこで生きるためには、他者から何らかの形で仲間として承認される必要があります。そのための主たる手段が、働くということなのです。働くことによって「そこにいていい」という承認が与えられる。

働くことを「社会に出る」といい、働いている人のことを「社会人」と称しますが、それは、そういう意味なのです。

社会の中での人間どうしのつながりは、深い友情関係や恋人関係、家族関係などとは違った面があります。もちろん、社会の中でのつながりも「相互承認」の関係には違いないのですが、この場合は、私は「アテンション（ねぎらいのまなざしを向けること）」というような表現がいちばん近いのではないかと思います。＊清掃をしていた彼がもらった言葉は、まさにアテンションだったのではないでしょうか。

ですから、私は「人はなぜ働かなければならないのか」という問いの答えは、「他者からのアテンション」そして「他者へのアテンション」だと言いたいと思います。これは、報酬をもらわない専業主婦やボランティアでも同じことです。それを抜きにして、働くことの意味はありえないと思います。

（東京書籍　新しい国語3　姜尚中「何のために『働く』のか」より）

（注）＊清掃をしていた彼…ワーキングプア（働いているが経済的困窮に陥っている人々）に関するテレビ番組で紹介されていた男性。清掃の仕事を始め、就業中に人から声をかけてもらったとき、涙が出たというエピソードがある。

(1) この文章の要旨としてふさわしいものを次のア～エから一つ選び、記号で答えなさい。（10点）

ア　人は、ねぎらいのまなざしをもらったり与えたりするために働いているのである。

イ　人が働くことの意味は、ねぎらいのまなざしを向けることで報酬を得ることである。

ウ　社会の中での人間関係は友人や家族・恋人との関係と基本的な構図が同じである。

エ　他者からのアテンションを得ることだけが働く目的であり、それ以外の目的はありえない。

［　　］

(2) この文章を要約した次の文の［　　］に当てはまる言葉を本文中から抜き出しなさい。（各18点）

・他者から［　A　］として承認され、［　B　］という見知らぬ者どうしの集合体で生きるには、［　C　］ということが不可欠であり、「［　D　］」と「［　E　］」こそが働く理由である。

A［　　］　B［　　］　C［　　］

D［　　］

E［　　］

STEP 3

# 得点アップ問題

テスト3日前から確認！

別冊解答P.9

得点　／100点

**1** 次の文章を読んで、あとの問いに答えなさい。（各13点）

生きているということに、つまり肉体を養うために、あるいは心①をささえるためにどれだけの根とか根毛が必要だったかを考えてみますと、目に見えないものすごい努力と、大変なエネルギーで、この生命がかろうじて維持されているということに気づきます。

人間は泣きながら生まれてきて、重い重い宿命を背負いながら、それをはね返し、はね返し、生きている。これ以上、その人間に何を要求するだろうか。失敗した人生もあるであろう。平凡な人生もあるであろう。成功した人生もあるであろう。だけど、どの人間もみんなそのように与えられた生命というものを必死で戦って生きてきたひとりの戦士なのです。

そう考えてみますと、②生きていくということはすごいことだな、どんな生き方をしたということはせっかちに問うべきではない、という気持ちにさえなります。生存していること、この世の中に存在していること、このことで人間は尊敬されなければならないし、すべての人は自分を肯定できる。人は己れの人生をそのまま肯定しなければならない。余力があれば、世のため、人のためにも働けるにちがいない。いまはただ、生きて、こうして暮しているととだけでも、自分を認めてやろうではないか、と。そこから、本当に希望のある、前向きな人生観が生まれてくるのではないでしょうか。そんなふうに今、ぼくは人生というものを受けとめているところです。

（五木寛之「生きるヒント」より）

(1) この文章の話題は何か。答えなさい。

［　　　］

(2) ——線①「心」と対になる言葉を、本文中から漢字二字で抜き出しなさい。

□□

難 (3) ——線②「生きていくということはすごいことだな」といえるのはなぜか。本文中の言葉を使って答えなさい。

［　　　］

入試に出る！ (4) 本文の内容と合うものを次のア〜エから一つ選び、記号で答えなさい。

ア　平凡な人生や失敗した人生を反省するために、世のため人のために働かなければならない。

イ　生きているということが大切なのであり、どのような生き方をしたかが重要なのではない。

ウ　どんな人間でも、他人に尊敬され、他人を尊敬してこそ自分の人生を肯定できる。

エ　どのような生き方をしたかも大切だが、他人を認められる人間であるかどうかは、もっと大切だ。

［　　　］

## 2 次の文章を読んで、あとの問いに答えなさい。

「自立」(①)は、「依存」を否定する「インディペンデンス」(独立)ではなく、むしろ、「依存」に「相互に」という意味の「インター」を付けた、「インターディペンデンス」(支え合い)として捉える必要があります。いざ病気や事故や災害などによって独力では生きていけなくなったときに、他人との支え合いのネットワークをいつでも使える用意ができているということ。それが、「自立」の本当の意味なのです。困難を一人で抱え込まないでいられること、と言い換えることもできるでしょう。言うまでもありませんが、「支え合い」のネットワークであるからには、自分もまた時と事情に応じて、というか気持ちのうえではいつも、支える側に回る用意がないといけません。つまり、「誰かの代わりに」という意識です。

これがおそらくは、「責任を負う」ということの本来の意味でしょう。「責任」(②)は、英語で「リスポンシビリティ」といいます。「応える」という意味の「リスポンド」と、「能力」という意味の「アビリティ」から成る語で、「助けて」という他人の訴えや呼びかけに、きちんと応える用意があるという意味です。日本語で「責任」というと、課せられるもの、押しつけられるものという受け身のイメージがつきまといますが、「責任」というのは、最後まで独りで負わねばならないものではありませんし、何か失敗したときにばかり問われるものでもありません。「責任」とはむしろ、訴えや呼びかけに応じ合うという、協同の感覚であるはずのものなのです。「君ができなかったら、誰かが代わりにやってくれるよ。」と言ってもらえるという安心感が底にあるような、社会の基本となるべき感覚です。

(光村図書　国語3　鷲田清一「誰かの代わりに」より)

(1) ――線①「自立」とあるが、筆者は、「自立」とはどのようなことだと考えているか。本文中から五十四字で探し、はじめと終わりの五字を抜き出しなさい。(完答16点)

はじめ □□□□□　終わり □□□□□

(2) ――線②「責任」とあるが、筆者の考える「責任」を説明した次の文の□に当てはまる言葉を、本文中から二十一字で抜き出しなさい(句読点を含む)。(16点)

・「責任」とは、□□□□□□□□□□□□□□□□□□□□□であるべきもので、社会の基本となるべき感覚である。

(3) 本文の内容と合うものを次のア〜エから一つ選び、記号で答えなさい。(16点)

ア 常に人を支える側にいて、困っている人がいたら真っ先に助けようと考えている人こそ自立していると言える。

イ 他人との支え合いのネットワークは、相互扶助の考えのもとに成り立つものであり、一方通行のものではない。

ウ 「責任」という言葉には、「誰かの代わりに」責任をとる、などのマイナスのイメージが強いが、そのイメージは誤りである。

エ 人の助けを借りたときには、御礼として自分も相手を助けようとする姿勢がなければ、良い人間関係を構築できない。

［　　］

# 歴史的仮名遣い（かなづかい）

## STEP 1 要点チェック

### 1 歴史的仮名遣い おぼえる!

古文は、古典文法に基（もと）づいて、歴史的仮名遣いで書かれている。これは現在私たちが使っているものとは異なるため、歴史的仮名遣いを現代仮名遣いに改めて読む必要がある。

| 歴史的仮名遣い | 現代仮名遣い | 例 |
|---|---|---|
| 語頭・助詞以外のは・ひ・ふ・へ・ほ | わ・い・う・え・お | やまぎは → やまぎわ（山際）<br>いふ → いう（言う）<br>かほ → かお（顔） |
| ア段の音＋「う（ふ）」 | オ段の音＋「う」 | まうす → もうす（申す） |
| イ段の音＋「う（ふ）」 | イ段の音＋「〜ゅう」 | きうしゆ → きゅうしゅ（旧主） |
| エ段の音＋「う（ふ）」 | イ段の音＋「〜ょう」 | てうど → ちょうど（調度） |
| ゐ・ゑ・を | い・え・お | ゐる → いる（居る）<br>をとこ → おとこ（男） |
| ぢ・づ | じ・ず | はぢ → はじ（恥）<br>みづ → みず（水） |
| くわ・ぐわ | か・が | くわかく → かかく（過客） |
| む | ん | 竹なむありける → 竹なんありける |

◆歴史的仮名遣いのルール

①語の頭にない「は・ひ・ふ・へ・ほ」は、「わ・い・う・え・お」で読むが、語の頭にハ行がある場合はそのまま読んでよい。

例 はな→はな（花）

したがって複合語（二つ以上の単語が合わさってできた単語）の場合も、語中にハ行があってもそのまま読む。

例 つきひ→つきひ（月日）

②ア段の音＋「う」・イ段の音＋「う」・エ段の音＋「う」のように、母音（ぼいん）が続くと長音（のばす音）になるが、ここに①の原則が重なると、「アフ」「イフ」「エフ」も長音化する。

例
あふぎ →あうぎ →おうぎ
じふはち→じうはち→じゅうはち
てふてふ→てうてう→ちょうちょう

◆「ゐ」「ゑ」とは

現代では「ゐ」と「ゑ」の二文字は用いられなくなった。もともとワ行は「わ・ゐ・う・ゑ・を」であったものを、現代では「わ・(い)・(う)・(え)・を」というように、「ゐ」を「い」、「ゑ」を「え」に置き換（か）えて用いている。

別冊解答 P・10

得点 ／100点

**1** 歴史的仮名遣いと現代仮名遣いの組み合わせが正しいものを次のア～カからすべて選び、記号で答えなさい。（完答20点）

（歴史的仮名遣い）／（現代仮名遣い）

ア　にほひ／にほい
イ　ひたひ／いたい
ウ　かうべ／こうべ
エ　ゐなか／るなか
オ　くわかく／かかく
カ　こゑ／こえ

［　　］

**2** 次の言葉の中から現代仮名遣いに改めると表記が変わるものをすべて選び、現代仮名遣いに改めて答えなさい。（完答20点）

はな・くわじ・けふ・よろづ・ひつじ・ひかり

［　　］

**3** 次の文章を読んで、あとの問いに答えなさい。

九月(ながつき)二十日のことなれば夜も長し。「今や、今や。」と待つに、「夜半(よは)過ぎぬらん。」と①思ふほどに、東の山の峰(みね)より月の②出(い)づるやうに見えて、峰の嵐(あらし)もすさまじきに、この坊(ばう)の内、光差し入りたるやうにて、明(あか)くなりぬ。見れば、普賢菩薩(ふげんぼさつ)、③白象に乗りて、④やうやうおはし、侍(はべ)る坊の前に⑤立ちたまへり。

（「宇治拾遺物語(うじしゅうい)」より）

（1）――線①「思ふ」、――線②「出づるやうに」を現代仮名遣いに改め、すべてひらがなで答えなさい。（各10点）

①［　　］
②［　　］

（2）――線③「白象」は、歴史的仮名遣いでは「びやくざう」と書くが、これを読むときにはどのような読み方をするか。すべてひらがなで答えなさい。（10点）

［　　］

（3）――線④「やうやうおはし」を現代仮名遣いに改める方法について述べた次のア～エの説明のうち、正しいものを一つ選び、記号で答えなさい。（15点）

ア　「やうやう」は「やあやあ」に改め、「おはし」は変えずそのままにする。
イ　「やうやう」は「ゆうゆう」に改め、「おはし」は変えずそのままにする。
ウ　「やうやう」は「ようよう」に改め、「おはし」は「おわし」に改める。
エ　「やうやう」は変えずそのままにし、「おはし」は「おわし」に改める。

［　　］

（4）――線⑤「立ちたまへり」について、例にならって歴史的仮名遣いに線を引き、現代仮名遣いに改めなさい。（15点）

例　よろづ(ず)のことに使ひ(い)けり

［立ちたまへり　　］

STEP 3

# 得点アップ問題

## 1 次の文章を読んで、あとの問いに答えなさい。

このほどいみじく尊き(たふと)ことあり。この年ごろ他念なく経(きやう)をたもちたてまつりてあるしるしやらん、この夜ごろ、＊普賢菩薩(ふげんぼさつ)、象に乗りて見えたまふ。①今宵(こよひ)とどまりて②拝みたまへ。

（「宇治拾遺物語(うじしゅういものがたり)」より）

**現代語訳** 最近とても尊いと感じられることがあります。ここ数年来余念なく法華経(ほけきょう)の教えを大切にし申しあげてきたご利益(りやく)でしょうか、ここ数夜続いて、普賢菩薩（　③　）象に乗って現れなさいます。あなたも今晩は泊(と)まって拝みなさい。

（注）＊普賢菩薩…仏の真理や修行(しゅぎょう)の徳をつかさどる菩薩の名。

(1) ――線①「今宵」の読みは、歴史的仮名遣い(かなづか)では「こよひ」と表記される。これを現代仮名遣いに改め、すべてひらがなで答えなさい。（5点）［　　　］

(2) ――線②「拝みたまへ」を現代仮名遣いに正しく改めているものを次のア～エから一つ選び、記号で答えなさい。（5点）

ア　おがみたまう　イ　おがみたまえ
ウ　おがみたもえ　エ　おがみたもう　［　　　］

(3) （　③　）に当てはまるひらがな一字を次のア～エから一つ選び、記号で答えなさい。（10点）

ア　が　イ　を　ウ　へ　エ　に　［　　　］

## 2 次の文章を読んで、あとの問いに答えなさい。

御文(おんふみ)、不死の薬の壺(つぼ)並べて、火をつけて燃やすべきよし仰(おほ)せたまふ。そのよし①うけたまはりて、士(つはもの)どもあまた具して山へ登りけるより②なむ、その山を「ふじの山」とは名づけける。その煙(けぶり)、いまだ雲の中へ立ち上るとぞ、③言ひ伝へたる。

（「竹取物語」より）

**現代語訳** （帝(みかど)は）お手紙（　④　）、不死の薬の壺を並べて、火をつけて燃やすようにと、ご命令になった。その旨(むね)（　⑤　）承(うけたまわ)って、（使者が）兵士たちをたくさん引き連れて山に登ったということから、その山を「士に富む山」、つまり「ふじの山」と名づけたのである。その煙(けむり)は、いまだに雲の中へ立ち上っていると、言い伝えられている。

（光村図書　国語1より）

よくでる

(1) ――線①～③を現代仮名遣いに改め、すべてひらがなで答えなさい。（各6点）

①［　　　］　②［　　　］
③［　　　］

(2) （　④　）・（　⑤　）に当てはまる語を、それぞれひらがな一字で答えなさい。（各6点）

④［　　　］　⑤［　　　］

(3) 本文の内容に合うものを次のア～エから一つ選び、記号で答えなさい。（5点）

ア 「帝」は使者たちに現在の富士山にあたる山を作らせた。
イ 「帝」の命令を受けた使者たちが登ったのは、「ふじの山」である。
ウ 「帝」の使者たちは、たくさんの不死の薬を持っていた。
エ 「帝」は不死の薬だけを燃やすようにと命令した。

［　　］

## 3 次の文章を読んで、あとの問いに答えなさい。（各5点）

これやわが求むる山①ならむとア思ひて、さすがに恐ろしくaおぼえて、山のめぐりをさしめぐらして、二、三日ばかり、見歩くに、天人の②よそほひしたる女、山の中よりいで来て、銀の金鋺を持ちて、水をbくみ歩く。これをc見て、船より下りて、「この山の名を何とか申す。」とd問ふ。女、答へて③いはく、「イこれは、蓬莱の山なり。」と答ふ。これを聞くに、うれしきことかぎりなし。

その山、見るに、さらに④登るべきやうなし。その山のそばひらをめぐれば、世の中になき花の木ども立てり。金・銀・瑠璃色の水、山より流れいでたり。ウそれには、色々の玉の橋渡せり。そのあたりに、照り輝く木ども立てり。

（「竹取物語」より）

**現代語訳** これこそ私が⑤探し求めていた山だろうと思って、（うれしくはあるのですが）やはり恐ろしく思われて、山の周囲をこぎ回らせて、二、三日ばかり、（様子を）見て回っていますと、天人の服装をした女性が、山の中から出てきて、銀のお椀を持って、水をくんでいきます。これを見て、（私は）船から下りて、「この山の名は何というのですか。」と尋ねました。女性は答えて、「これは、蓬莱の山です。」と言いました。これを聞いて、（私は）うれしくてたまりませんでした。

その山は、見ると、（険しくて）全く登りようがありません。その山の斜面の裾を回ってみると、この世には見られない花の木々が立っています。金・銀・瑠璃色の水が、山から流れ出てきます。その流れには、色さまざまの玉でできた橋が架かっています。その付近に、光り輝く木々が立っています。

（光村図書　国語1より）

(1) ――線①～④を現代仮名遣いに改め、すべてひらがなで答えなさい。

①［　　］ ②［　　］
③［　　］ ④［　　］

(2) ＝＝線ア～ウのうち、現代仮名遣いに改めると表記が変わるものを一つ選び、記号で答えなさい。また、選んだものを現代仮名遣いに改め、すべてひらがなで答えなさい。

記号［　　］ 現代仮名遣い［　　］

入試に出る!

(3) 〰〰線a～dのうち、主語が異なるものを一つ選び、記号で答えなさい。

［　　］

(4) ――線⑤「探し求めていた山」の名前を、本文中から四字で抜き出しなさい。

［　　　　］

難

(5) (4)の山の説明としてふさわしくないものを、次のア～エから一つ選び、記号で答えなさい。

ア 金・銀・瑠璃色の水が流れてくる。
イ この世の中には見られない花の木々が立っている。
ウ 頂上には、光り輝く木々が立っている。
エ 色さまざまの玉でできた橋が架かっている。

［　　］

# STEP 1 要点チェック

テスト 1週間前から確認！

## 1 係り結び

文中に「ぞ」「なむ」「や」「か」「こそ」がある場合、文末を結ぶ形が変わる。

◆係り結びをする係助詞

| 係助詞 | 意味 | 文末の結び | 例 |
|---|---|---|---|
| 「ぞ」「なむ」 | 強意（きっと〜） | 連体形 | 桜の花ぞ散りける。（連体形） |
| 「や」「か」 | 疑問（どうして〜か）<br>反語（どうして〜か、いや〜ない） | 連体形 | 桜の花や散りける。（連体形） |
| 「こそ」 | 強意（きっと〜） | 已然形（いぜんけい） | 桜の花こそ散りけれ。（已然形） |

**確認** 実際の文章の中での、係り結びの使われ方

例「年ごろ思ひつること、果たしはべりぬ。聞きしにも過ぎて、尊くこそおはしけれ。そも、参りたる人ごとに山へ登りしは、何事かありけん、ゆかしかりしかど、神へ参るこそ本意（ほい）なれと思ひて、山までは見ず。」とぞ言ひける。

（「徒然草（つれづれぐさ）」より）

係助詞「こそ」があるので、結びは已然形。

係助詞「ぞ」があるので、結びは連体形。

◆已然形とは

現代語の仮定形にあたる活用形。

例 花散りけり。（終止形）

↓ 係助詞「こそ」を用いると…

花こそ散りけれ。（已然形）

※已然形については高校で学習する。

**ミス注意**

◆係り結び（現代語訳のしかた）

例 山やありける。／山かありける。

・疑問→「山があったのか。」

・反語→「山があったか、いやない。」

「や」「か」には、これらの二つの意味があるため、どちらの意味になるのかは文脈から判断する。

●反語とは、「〜か、いや、〜ない」とすることで、より文意を強調することができる表現方法。

●強意の「ぞ」「なむ」「こそ」は、現代語訳する際に特に訳さなくてよい。

# STEP 2 基本問題

テスト5日前から確認!

別冊解答P・10

得点　／100点

**1** 次の各文のうち、係り結びが用いられているものをすべて選び、記号で答えなさい。(完答17点)

ア　昔、男ありけり。
イ　竹取の翁といふものありけり。
ウ　名をば、さぬきのみやつことなむいひける。
エ　これやわが求むる山ならむ。
オ　これを聞くに、うれしきことかぎりなし。
カ　その煙、いまだ雲の中へ立ち上るとぞ、言ひ伝へたる。
キ　あるとき思ひたちて、ただ一人、徒歩より詣でけり。
ク　少しのことにも、先達はあらまほしきことなり。
ケ　野分のまたの日こそ、いみじうあはれにをかしけれ。

[　　　]

**2** 次の各文の――線部の現代語訳としてふさわしいものを、ア～エから一つずつ選び、記号で答えなさい。(各10点)

(1) 神へ参るこそ本意なれと思ひて、山までは見ず。

ア　神へ参ることが本来の目的になってくれ
イ　神へ参ることこそが本来の目的である
ウ　神へ参ることこそが本来の目的であろうか、いや、違う
エ　神へ参ることが本来の目的なのだろうか

[　　　]

(2) 士どもあまた具して登りけるよりなむ、その山を「ふじの山」とは名づける。

ア　登ったということから
イ　登ったのであろうか
ウ　登ったのであろう
エ　登っただろうか、いや、登っていない

[　　　]

**3** 次の各文において、係り結びが正しく用いられているものには○を、間違っているものには×を書きなさい。(各7点)

(1) 何事をか言ひける。　[　　　]
(2) もと光る竹なむありけり。　[　　　]
(3) 月の明かきにぞ渡る。　[　　　]
(4) 散ればこそいとど桜はめでたけり。　[　　　]
(5) ほととぎすや聞き給へる。　[　　　]
(6) その月は、海よりぞ出でける。　[　　　]
(7) その人、形よりは心なむまさりたりけれ。　[　　　]
(8) その男、しのぶずりの狩衣をなむ着たりけり。　[　　　]
(9) いづれの山か天に近し。　[　　　]

別冊解答P・11

得点　/100点

**1** 次の文章を読んで、あとの問いに答えなさい。

（平家の女房が舟の竿の先に扇を掲げ、射てみよ、と源氏を手招きしている。扇を射てみせるよう命じられたのは、那須与一という二十歳ほどの若い武士であった。）

＊矢ごろ少し遠かり<u>けれ</u>[a]ば、海へ一段ばかり＊うち入れたれども、なほ扇の＊あはひ七段ばかりはあるらむとこそ見えたり<u>けれ</u>[b]。ころは二月十八日の、＊酉の刻ばかりのことなるに、＊をりふし北風激しくて、磯打つ波も高か<u>りけり</u>[c]。舟は揺り上げ揺りすゑ漂へば、<u>扇もくしに定まらずひらめいたり</u>[①]。陸には源氏、＊くつばみを並べてこれを見る。沖には平家、舟を一面に並べて見物す。＊いづれもいづれも<u>晴れならずといふことぞなき</u>[②]。

（「平家物語」より）

（注）＊矢ごろ…矢を射るには　**うち入れたれども**…乗り入れたが　**あはひ**…あいだ　**酉の刻**…午後六時頃　**をりふし**…折りしも　**くつばみ**…馬のくつわ　**いづれもいづれも**…どの者たちも

(1) ——線a～cについて、

A　X係り結びをする係助詞の影響を受けているものを一つ選び、記号で答えなさい。Yその活用形を答えなさい。(各4点)

X［　　］　Y［　　］

B　Aに影響を与えている係助詞を抜き出しなさい。(4点)［　　］

C　Bの係助詞の意味を次のア～ウから一つ選び、記号で答えなさい。(4点)

ア　強意　イ　疑問　ウ　反語　［　　］

よくでる

(2) ——線①「扇もくしに定まらずひらめいたり」とあるが、扇がこのようになっている理由としてふさわしいものを次のア～エから一つ選び、記号で答えなさい。(5点)

ア　時刻がすでに午後六時になっていたため。

イ　強い北風にあおられていたため。

ウ　舟の上で敵兵が動き回っているため。

エ　的を外すことが許されない緊張状態のため。

［　　］

(3) ——線②「晴れならずといふことぞなき」について、

A　係助詞を抜き出しなさい。(4点)［　　］

B　Aの係助詞の意味を次のア～ウから一つ選び、記号で答えなさい。(4点)

ア　強意　イ　疑問　ウ　反語　［　　］

C　Aに影響を受けている文末の用言の活用形を答えなさい。(4点)［　　］

D　この部分の意味としてふさわしいものを次のア～エの中から一つ選び、記号で答えなさい。(5点)［　　］

ア　みながとても晴れがましい
イ　みながあまり晴れがましくない
ウ　みなが決して晴れがましくない
エ　みな晴れがましいのだろうか

［　　　］

## 2 次の文章を読んで、あとの問いに答えなさい。

仁和寺にある法師、年寄るまで石清水を拝まざりければ、＊心うく覚えて、あるとき①思ひたちて、ただ一人、徒歩より詣でけり。極楽寺・高良などを拝みて、＊かばかりと心得て帰りにけり。

さて、②＊かたへの人に③あひて、「＊年ごろ④＊思ひつること、果たしはべりぬ。＊聞きしにも過ぎて、尊くこそ⑤おはし（⑥）。＊そも、参りたる人ごとに山へ登りしは、⑦何事かありけん、＊ゆかしかりしかど、⑧神へ参るこそ＊本意なれと思ひて、山までは見ず。」とぞ言ひ（⑨）。

少しのことにも、＊先達は＊あらまほしきことなり。

（『徒然草』より）

（注）＊心うく覚えて…残念なことに思われて　かばかりと心得て…これだけのものと思い込んで　かたへの人…仲間　年ごろ…長年　思ひつること…思い続けてきたこと　聞きしにも過ぎて…うわさに聞いたのよりもまさって　そも…それにしても　ゆかしかりしかど…知りたかったけれど　本意…本来の目的　先達…先導者　あらまほしきことなり…あってほしいものだ

入試に出る！

(1) ――線①～⑤を現代仮名遣いに改めなさい。（各4点）

①［　　　］　②［　　　］
③［　　　］　④［　　　］
⑤［　　　］

(2) （⑥）・（⑨）には、「けり（終止形）」「ける（連体形）」「けれ（已然形）」のうち、いずれかが当てはまる。ふさわしいものを答えなさい。（各5点）

⑥［　　　］　⑨［　　　］

(3) ――線⑦「何事かありけん」について、

A　係助詞を抜き出しなさい。（4点）［　　　］

B　Aの係助詞の意味を次のア～ウから一つ選び、記号で答えなさい。（4点）

ア　強意　イ　疑問　ウ　反語　［　　　］

C　Aの影響を受けている文末の助動詞を書き抜きなさい。（4点）［　　　］

D　この部分の現代語訳を答えなさい。（8点）

［　　　］

入試に出る！

(4) ――線⑧「神へ参るこそ本意なれと思ひて、山までは見ず」とあるが、「なれ」の活用形を答えなさい。（4点）［　　　］

難

(5) この文章を通じて、作者が説いているのはどのようなことか。ふさわしいものを次のア～エから一つ選び、記号で答えなさい。（8点）

ア　重要な用事ほど、人に頼らず一人で済ませるべきである。
イ　人の意見に流されず、自分の考えを貫くべきである。
ウ　どんなことでも話せる友人をもつことが大切である。
エ　事情がわかる人からの助言は、何事についても必要である。

［　　　］

# 3 和歌の読み方・古語の意味

## STEP 1 要点チェック

### 1 和歌の読み方

❶ 和歌の形式…五音・七音・五音・七音・七音から成る三十一音の定型詩。

❷ 和歌の表現技法 おぼえる!

| | | |
|---|---|---|
| 枕詞 | 特定の言葉を導く言葉。ふつう五音から成る。 | 例 ひさかたの→光　たらちねの→母 |
| 掛詞 | 一つの語に同音の二つ以上の異なる意味をもたせる。 | 例 ながめ＝長雨・眺め　まつ＝松・待つ |

**くわしく**
枕詞には、ほかに次のようなものがある。
あしびきの→山・峰
あをによし→奈良
しろたへの→衣・雪など
くさまくら→旅・仮など

### 2 古語の意味

| | 古語 | 意味 | 古語 | 意味 |
|---|---|---|---|---|
| 現代語にはない語の例 | いみじ | すばらしい | きこゆ | 申しあげる |
| | たてまつる | ～し申しあげる | まかる | 退出する |
| | やむごとなし | 身分が高い | ゆかし | ～(し)たい |
| | わろし | よくない | つきづきし | 似つかわしい |
| 現代語とは意味が異なる語の例 | あさまし | 驚きあきれる | あした | 早朝・翌朝 |
| | あはれ | 趣深い、風情がある | あやし | 不思議だ |
| | ありがたし | めったにない | うしろめたし | 不安だ |
| | うつくし | かわいらしい | おとなし | 大人びている |
| | おどろく | はっと目が覚める | かなし | いとしい |
| | つとめて | 早朝 | なつかし | 慕わしい |
| | ののしる | 大騒ぎする | はづかし | (相手が)立派だ |
| | やがて | すぐに | よろし | 悪くはない |

**くわしく**
和歌の表現技法でよく出題されるのは上段の二つだが、「序詞」という難しい表現技法が出題されることもある。
序詞＝ある言葉を引き出すための前置きにする六音以上の言葉
例 来ぬ人をまつほの浦の夕なぎに焼くや藻塩の身も焦がれつつ
→焦がれ

◆三大和歌集

**万葉集**
・日本最古の歌集で、奈良時代末頃成立。
・大伴家持が中心となって編纂（書物にまとめること）したとされる。

**古今和歌集**
・平安時代初期成立で、醍醐天皇の勅命(天皇の命令)によって作られた。
・編纂したのは、紀貫之・紀友則・凡河内躬恒・壬生忠岑。

**新古今和歌集**
・鎌倉時代初期成立で、後鳥羽上皇の命によって作られた。
・撰者は、源通具・藤原有家・藤原定家・藤原家隆・藤原雅経・寂蓮法師。

STEP 2 基本問題

テスト5日前から確認！

別冊解答 P・11

得点 ／100点

1 次の枕詞が導く言葉をあとのア～カから一つずつ選び、それぞれ記号で答えなさい。（各6点）

(1) たらちねの［　］
(2) くさまくら［　］
(3) あをによし［　］
(4) あしびきの［　］
(5) ひさかたの［　］
(6) からころも［　］

ア 山　イ 旅　ウ 奈良　エ 光
オ 母　カ 袖（そで）

2 次の語の古文における意味をあとのア～キから一つずつ選び、それぞれ記号で答えなさい。（各6点）

(1) げに［　］
(2) あはれ［　］
(3) うつくし［　］
(4) いと［　］
(5) あやし［　］
(6) うしろめたし［　］
(7) おとなし［　］

ア 本当に　イ かわいらしい　ウ 非常に　エ 不安だ
オ 不思議だ　カ 趣深い　キ 大人びている

3 次のA～Cの和歌を読んで、あとの問いに答えなさい。

A 春過ぎて夏来（き）たるらし白たへの衣干したり天（あめ）の香具山（かぐやま）　持統（ぢとう）天皇

B 人はいさ心も知らずふるさとは花ぞ昔の香（か）ににほひける　紀貫之（きのつらゆき）

C 道の辺に清水流るる柳（やなぎ）かげしばしとてこそ立ちどまりつれ　西行法師（さいぎやうほふし）

(1) Aの歌の中から枕詞を抜（ぬ）き出しなさい。（8点）
［　］

(2) Bの歌の――線「いさ」の意味としてふさわしいものを、次のア～エから選び、記号で答えなさい。（7点）

ア さあ、どうだろうか　イ いいや、わからない
ウ そのとおりである　エ どうでもいいことだ
［　］

(3) Cの歌の意味について書いた次の文の□に当てはまる言葉を、あとのア～エから一つ選び、記号で答えなさい。（7点）

・道のほとりに清水が流れる柳の木陰（こかげ）に、□立ち止まったのだが。

ア いつもと同じように　イ のんびりしようと思って
ウ 何も考えることなく　エ ほんの少しの間だけと思って
［　］

## STEP 3 得点アップ問題

**1** 次の文章を読んで、あとの問いに答えなさい。

月日は百代の①過客にして、行きかふ年もまた旅人なり。舟の上に生涯を浮かべ、馬の口とらへて老いを迎ふる者は、日々旅にして旅をすみかとす。②古人も多く旅に死せるあり。予もいづれの年よりか、片雲の風にさそはれて、漂泊の思ひやまず、海浜にさすらへて、去年の秋、江上の破屋に蜘蛛の古巣をはらひて、③やや年も暮れ、④春立てる霞の空に、白河の関越えむと、そぞろ神の物につきて心をくるはせ、道祖神の招きにあひて、取るもの手につかず、股引の破れをつづり、笠の緒付けかへて、三里に灸すゆるより、松島の月まづ心にかかりて、住めるかたは人に譲りて、杉風が別墅に移るに、

⑤草の戸も住み替はる代ぞ雛の家

面八句を庵の柱に懸け置く。

(光村図書　国語3「おくのほそ道」より)

(注) ＊百代の過客にして…永遠に旅を続ける旅人のようなもので　舟の上に生涯を浮かべ…舟の上で一生を送ること　馬の口とらへて…馬のくつわを取って　予…私　片雲…ちぎれ雲　江上の破屋…芭蕉が住んだ草庵　白河の関…奥州路への関所　そぞろ神…人の心を落ち着かせなくする神　道祖神…道行く人の安全を守る神　杉風…芭蕉の門人　面八句…俳諧(俳句などの総称)の一つ

入試に出る!
(1) ——線①「過客」の意味を、(注)を参考にして答えなさい。(10点)
[　　　　]

(2) ——線②「古人」の意味としてふさわしいものを次のア〜エから一つ選び、記号で答えなさい。(10点)
ア 親友　イ 昔の人　ウ 兄や姉　エ 亡くなった人
[　　　　]

よくでる
(3) ——線③「やや」の意味としてふさわしいものを次のア〜エから一つ選び、記号で答えなさい。(10点)
ア いつの間にか　イ 何事もなく
ウ しだいに　エ あっという間に
[　　　　]

(4) ——線④「春立てる霞の空」は、「春が立つ(立春)」と「霞が立ちこめる」という二つの意味を表している。このように、同音の語に二つ以上の異なる意味をもたせることを何というか。(10点)
[　　　　]

(5) ——線⑤の句において、かつて作者が住んでいた家はどうなったと表現されているか。ふさわしいものを一つ選びなさい。(10点)
ア わびしいあばらやが、さらにさびれていった。
イ わびしいあばらやが、華やかになった。
ウ 華やかだった家が、さびれたあばらやになった。
エ 華やかだった家が、さらに華やかになった。
[　　　　]

## 2 次の文章を読んで、あとの問いに答えなさい。

*三代の栄耀一睡のうちにして①、*大門の跡は一里こなたに②あり。*秀衡が跡は田野になりて、*金鶏山のみ形を残す。まづ、*高館に登れば、北上川南部より流るる大河なり。衣川は、*和泉が城をめぐりて、高館の下にて大河に落ち入る。*泰衡らが旧跡は、*衣が関を隔てて*南部口をさし固め、夷を防ぐと見えたり。さても*義臣すぐつてこの城に籠もり、功名一時の草むらとなる③。*「国破れて山河あり、城春にして草青みたり」と笠打ち敷きて、時のうつるまで涙を落としはべりぬ。

夏草や兵④どもが夢の跡

（光村図書　国語3「おくのほそ道」より）

（注）*三代の栄耀…藤原清衡・基衡・秀衡の三代にわたる栄華　大門の跡…藤原氏一族の居館、平泉館の門の跡　一里…約三・九キロメートル　秀衡が跡…秀衡の居館のあった辺り　金鶏山…平泉館の西にある小山　高館…源義経の居館の跡　和泉が城…秀衡の三男、忠衡の居館　泰衡…秀衡の次男　衣が関…高館の西方にあった関所　南部口…平泉から南部地方への出入り口　義臣すぐつて…（義経が）忠義の臣をえりすぐって　国破れて〜草青みたり…杜甫の有名な漢詩を思い起こしたもの

(1) ――線①「一睡のうちにして」について説明した次の文の□に当てはまる語をあとのア〜エから一つ選び、記号で答えなさい。（10点）

・ひと眠りする時間のように□ことのたとえである。

ア 心地よい　イ 忘れがたい
ウ はかない　エ 理解できない　［　　］

(2) ――線②「こなたに」の意味としてふさわしいものを次のア〜エから一つ選び、記号で答えなさい。（10点）

ア 手前に　イ 向こうに
ウ 間をあけて　エ はるかかなたに　［　　］

(3) 難 ――線③「功名一時の草むらとなる」の意味としてふさわしいものを次のア〜エから一つ選び、記号で答えなさい。（10点）

ア 名をあげたことで、功績が長らく残る草むらとなっている。
イ 名をあげたものの、わずかの間でただの草むらとなってしまった。
ウ 名をずるがしこく広めたが、昼過ぎには草むらで討たれていた。
エ 名をみごとに知らしめ、一時期はすべての村を草むらにした。　［　　］

(4) ――線④「兵」の読みがなを歴史的仮名遣いで答えなさい。（10点）　［　　］

(5) 「おくのほそ道」の説明としてふさわしくないものを次のア〜エから一つ選び、記号で答えなさい。（10点）

ア 作者は松尾芭蕉である。
イ 江戸時代に成立した紀行文である。
ウ 詠み込まれている俳句は、すべて芭蕉の句である。
エ 芭蕉は弟子の河合曾良と旅をした。　［　　］

# 訓点と書き下し文

## STEP 1 要点チェック

### 1 訓点と書き下し文

❶ 白文(はくぶん)…漢字のみで書かれている原文。

例 己所不欲勿施於人

❷ 訓読文…日本語読みをするために、返り点・送り仮名(がな)などの文字や符号(ふごう)(訓点)を漢字の上や脇(わき)などにつけて工夫(くふう)した文。

例 己ノ所レ不ザルレ欲セ、勿カレレ施スコト二於人ニ一。

❸ 書き下し文…白文・訓読文を漢字仮名交じりの形で書き直した文。

例 己(おのれ)の欲(ほっ)せざる所、人に施(ほどこ)すこと勿(な)かれ。

◆返り点

訓読文で、漢字を読む順番を示す符号のことを「返り点」という。返り点は、漢字の左下につけるのがきまりである。

| 返り点 | 意味 | 訓読文 | 書き下し文 |
|---|---|---|---|
| レ点 | 下の字からすぐ上の字へ返って読む。 | 例 必ズ[1] 有リレ[3] 隣[2] | 必ず隣(となり)有り |
| 一・二点 | 二字以上離(はな)れた上の字へ返って読む。 | 例 処[1] 処[2] 聞ク二[5] 啼[3] 鳥ヲ一[4] | 処処啼鳥(しょしょていちょう)を聞く |
| 上・下点 | 一・二点を使っても間に合わないときに使う。 | 例 有リ下[6] 鬻グ二[4] 盾ト[1] 与レ[3] 矛ヲ一[2] 者上[5] | 盾(たて)と矛(ほこ)とを鬻(ひさ)ぐ者有り |

**ミス注意!**

◆書き下し文にするときの注意点

置き字

ある意味やニュアンスを伝えるのみで、書き下し文では読まない(表記されない)字。

例 于・而・乎 など

◆ひらがな表記にする漢字

日本語の助詞や助動詞などにあたる漢字は、原則としてひらがな表記にする。

例 不ズレ惑ハ。
→惑(まど)はず。

**くわしく**

レ点と一・二点を同時に使う

訓読文には「㆑」のように、レ点と一・二点が同時に書かれる場合がある。その場合は、先にレ点、次に一・二点という順番で返る。

例 訓読文 可[4]シ二 以テ[1] 為レ[3] 師ト[2] 矣[/]

※「矣」は置き字なので読まない。

書き下し文 以(もっ)て師と為(な)るべし

**1** 次のそれぞれの書き下し文を参考にして、必要な返り点をつけなさい。（完答各12点）

(1) 入るべからず。

［ 不(ず) 可(ベカラ) 入(ル)。 ］

(2) 故郷を思ふ。

［ 思(フ) 故 郷(ヲ)。 ］

**2** 次の漢文を読んで、あとの問いに答えなさい。

楚人(そひとニ)有(あリ)下鬻(ひさグ)二盾(たてト)与(とヲ)レ矛(ほこ)者(もの)上。

誉(ほメテ)レ之(これヲ)曰(いハク)、

「吾(わガ)盾(たて)之(の)堅(かたキコト)、①莫(なキ)能(よク)陥(とほスモノ)也(なりト)。」

又(また)、誉(ほメテ)二其(その)矛(ほこヲ)一曰(いハク)、

「吾(わガ)矛(ほこ)之(の)利(りナルコト)、②於(おイテ)レ物(ものニ)無(なキ)レ不(ざル)レ陥(とほサ)也(なりト)。」

或(あるヒト)曰(いハク)、

「以(もつテ)二子(し)之(の)矛(ほこヲ)一、陥(とほサバ)二子(し)之(の)盾(たてヲ)一、何如(いかんト)。」
③其(その)人(ひと)弗(ざル)能(あたハ)応(こたフルコトなり)也。

（「韓非子(かんぴし)」より）

**書き下し文**

楚人に、盾と矛とを鬻ぐ者有り。之を誉めて曰はく、「吾が盾の堅きこと、能く陥(とほ)すもの莫きなり」と。又、其の矛を誉めて曰はく、「吾が矛の利なること、［　　］」と。或ひと曰はく、「子の矛を以て、子の盾を陥さば、何如」と。其の人応(こた)ふること能はざるなり。

(1) ——線①について、書き下し文を参考にして、必要な返り点をつけなさい。（20点）

［ 莫(なキ) 能(よク) 陥(とほスモノ) 也(なりト)。 ］

(2) ——線②を書き下し文にしなさい。（20点）

［　　　　］

(3) ——線③について、

A 書き下し文を参考にして、必要な返り点をつけなさい。（20点）

［ 其(その) 人(ひと) 弗(ざル) 能(あたハ) 応(こたフルコト) 也(なり)。 ］

B 現代語訳としてふさわしいものを次のア～エから一つ選び、記号で答えなさい。（16点）

ア その人が答えたわけではなかった。
イ その人は答えることができなかった。
ウ その人の質問には答えてはならなかった。
エ その人の質問には応じるつもりがなかった。

［　　］

STEP 3

# 得点アップ問題

別冊解答 P.12

**1** 次の文章を読んで、あとの問いに答えなさい。（各9点・(2)完答）

孟子対へて曰はく、「王戦ひを好む。[ ① ]塡然として之に鼓し、兵刃既に接す。②甲を棄て兵を曳きて走ぐ。或いは百歩にして後に止まる。或いは五十歩にして後に止まる。五十歩を以て百歩を笑はば、則ち何如。」と。（恵王）曰はく、「不可なり。直だ百歩ならざるのみ。是も亦た走ぐるなり。」と。

現代語訳

孟子は答えて言う、「王様は戦争がお好きです。戦争のたとえ話でお答えいたしましょう。進軍の太鼓がドンドンと鳴り、刀を交えて戦いが始まりました。よろいを脱ぎ捨て武器を引きずって逃げ出した者がおりました。ある者は百歩逃げて止まります。ある者は五十歩逃げて止まります。[ ③ ]」と。（恵王は）言う、「それはよくない。[ ④ ]」と。

（「孟子」より）

(1) [ ① ]に当てはまる書き下し文を、次の訓読文を参考にして答えなさい。

請フ、以テレ戦ヒヲ喩ヘン。

［　　　　］

(2) ――線②の書き下し文を参考にして、次の白文に必要な送り仮名と返り点を書きなさい。

［ 棄 甲 曳 兵 而 走 ］

(3) [ ③ ]、[ ④ ]に当てはまる現代語訳の組み合わせとしてふさわしいものをあとのア〜エから一つ選び、記号で答えなさい。

③A 五十歩逃げた者のことを百歩逃げた者が笑うのはいけないことです。

B 五十歩逃げた者が百歩逃げた者を笑ったら、いかがでしょうか。

④C ただ百歩逃げなかっただけで、これも逃げ出したことには変わりはない。

D たったの百歩逃げただけであって、これも逃げたうちには入らない。

**ア** ③A ④D　**イ** ③A ④C

**ウ** ③B ④C　**エ** ③B ④D

［　　　　］

(4) この文章において、孟子は王に何を伝えているか。ふさわしいものを次のア〜エから一つ選び、記号で答えなさい。

**ア** 間違ったことをしてしまった以上、いずれにしても人から悪く言われるのであるから、気にしても仕方がない。

**イ** どうせ悪事をはたらくのであれば、少しでも安全な場所に身を置いて、遠くから眺めていたほうが利口だ。

ウ　重要なのは間違ったことをしているかどうかよりも、少しでも努力したあとが見えるかどうかだ。

エ　多少の違いはあったとしても、根本的に間違ったことをしているとすれば、どちらも大差はない。

［　　　］

## 2 次の漢詩を読んで、あとの問いに答えなさい。

春暁（しゅんげう）　孟浩然（まうかうねん）

春眠暁（しゅんみんあかつき）を覚えず
［ ② ］
夜来風雨の声
花落つること知る多少

①春眠不覚暁
処処聞ク㆓啼（てい）鳥（てう）ヲ㆒
夜来風雨ノ声
［ ③ ］

(1) 書き下し文を参考にして、――線①に返り点と送り仮名を書きなさい。（完答9点）

［ 春　眠　不　覚　暁 ］

(2) ［ ② ］に当てはまる書き下し文を、訓読文を参考にして答えなさい。（9点）

［　　　］

よくでる

(3) ［ ③ ］に当てはまる訓読文としてふさわしいものを次のア～エから一つ選び、記号で答えなさい。（10点）

ア　花落ツルコト知ル多少

イ　花落ツルコト知ル㆒多少㆓

ウ　花落ツルコト㆑知ル㆑多少

エ　花落ツルコト知ル多少㆑

［　　　］

難

(4) この漢詩に歌われている内容を表す言葉としてふさわしいものを次のア～エから一つ選び、記号で答えなさい。（9点）

ア　貧困（ひんこん）　イ　悲哀（ひあい）

ウ　悠然（ゆうぜん）　エ　多忙（たぼう）

［　　　］

## 3 次の漢詩を読んで、あとの問いに答えなさい。（各9点・(2)完答）

絶句　杜甫（とほ）

［ ① ］
山は青くして花は然（も）えんと欲（ほっ）す
今春看（みすみす）又（また）過ぐ
何（いづ）れの日か是（こ）れ帰年ならん

江ハ碧（みどり）ニシテ鳥ハ逾（いよいよ）白ク
②山青花欲然
③今春看ス又過グ
何日是帰年

(1) ［ ① ］に当てはまる書き下し文を、訓読文を参考にして答えなさい。

［　　　］

(2) 書き下し文を参考にして、――線②に必要な返り点と送り仮名を書きなさい。

［ 山　青　花　欲　然 ］

入試に出る!

(3) ――線③について、必要な返り点や送り仮名を正しく補っているものはどれか。書き下し文を参考にして、次のア～エから一つ選び、記号で答えなさい。

ア　何レノ日カ是レ帰年ナラン

イ　何レノ日カ是㆑帰年ナラン

ウ　何レノ日カ是レ㆒帰㆓年ナラン

エ　何レノ日カ㆑是レ帰年ナラン

［　　　］

# 5 漢詩の形式とルール

STEP 1 要点チェック

## 1 漢詩の形式

漢詩は、句の数と一句の字数によって四種類に分類される。

**❶ 絶句と律詩**

・**絶句**　四句から成る詩。
・**律詩**　八句から成る詩。

**❷ 五言詩と七言詩**

・**五言詩**　一句が五字から成る詩。
・**七言詩**　一句が七字から成る詩。

※❶・❷を組み合わせ、「五言絶句」などと分類する。

**くわしく**

絶句は、各句にそれぞれの役割がある。
第一句（起句）　詩の内容を起こす
第二句（承句）　起句の内容を受け広げる
第三句（転句）　詩の趣を一転させる
第四句（結句）　詩全体を結ぶ

## 2 漢詩のルール

**押韻**　句末を同音でそろえ、韻を踏むこと。

| 五言詩の押韻 | 偶数句末を同音でそろえる。（※●は押韻） | ○○○○○（第一句）<br>○○○○●（第二句）↑<br>○○○○○（第三句）<br>○○○○●（第四句）↑ |
|---|---|---|
| 七言詩の押韻 | 第一句末と偶数句末を同音でそろえる。（※●は押韻） | ○○○○○○●（第一句）↑<br>○○○○○○●（第二句）↑<br>○○○○○○○（第三句）<br>○○○○○○●（第四句）↑<br>○○○○○○○（第五句）<br>○○○○○○●（第六句）↑<br>○○○○○○○（第七句） |

◆**押韻の見分け方**

押韻は、句末で同じ響きの音の字を用いることにより、漢詩全体の響きやリズムを整える働きがある。

例 春暁

春眠不覚**暁**
処処聞啼**鳥**
夜来風雨声
花落知多**少**

五言詩なので、第二句と第四句が押韻。加えて、第一句も押韻することがある。この詩では、第一句の「暁」も押韻である。

例 黄鶴楼送孟浩然之広陵

故人西辞黄鶴**楼**
煙花三月下揚**州**
孤帆遠影碧空尽
唯見長江天際**流**

七言詩なので、第一句と偶数句が押韻。五言詩と異なり、必ず第一句が押韻であることをおさえる。

◆**対句**

組になる句を対応させて表現すること。律詩では三句と四句、五句と六句を対句にする。

STEP 2

# 基本問題

テスト5日前から確認!

別冊解答 P.13

得点　　／100点

**1** 漢詩のルールについて、正しいものを次のア～クから四つ選び、記号で答えなさい。（各11点）

ア　どの句末で押韻するかは詩人が自由に決められる。

イ　五言詩の押韻は、偶数句の末尾である。

ウ　押韻とは、全く同じ読みの漢字を用いることである。

エ　押韻とは、同種の発音の漢字を用いることである。

オ　対句とは、組になる句で反対の内容を詠むことである。

カ　律詩では、三句と四句、五句と六句を対句にする。

キ　ルールで定められている句以外が対句になってはならない。

ク　ルールで定められている句以外でも押韻することがある。

[　　] [　　] [　　] [　　]

**2** 次の漢詩を読んで、あとの問いに答えなさい。（各8点・(1)完答）

黄鶴楼にて孟浩然の広陵に之くを送る　李白

故人西のかた黄鶴楼を辞し
[　　　　　　　　]
孤帆の遠影碧空に尽き
唯だ見る長江の天際に流るるを

故人西ノカタ辞シ黄鶴楼ヲ
煙花三月下ル二揚州一
孤帆ノ遠影碧空ニ尽キ
唯ダ見ル長江ノ天際ニ流ルルヲ

(1) 韻を踏んでいる漢字をすべて抜き出して答えなさい。

[　　　　]

(2) [　　] に当てはまる書き下し文を答えなさい。

[　　　　]

(3) ――線部に正しく送り仮名と返り点をつけたものはどれか。次のア～エから一つ選び、記号で答えなさい。

ア　故人西ノカタ辞シレ黄鶴楼ヲ

イ　故人西ノカタ辞シ二黄鶴楼ヲ一

ウ　故人西ノカタ辞シレ黄レ鶴レ楼ヲ

エ　故人西ノカタレ辞シ二黄鶴楼ヲ一

[　　]

(4) このような形式の漢詩の第一句を「起句」と呼ぶとき、第二句から第四句までをそれぞれ何と呼ぶか、答えなさい。

第二句 [　　]
第三句 [　　]
第四句 [　　]

(5) この漢詩の鑑賞文としてふさわしくないものを次のア～エから一つ選び、記号で答えなさい。

ア　前半の内容から、晩春の出来事を歌った詩であることがわかる。

イ　前半は三月の春がすみが描かれており、華やかな印象を与える。

ウ　後半には李白が友を見送っている孤独な姿が描かれている。

エ　後半では李白の明るい心情が広大な長江にたとえられている。

[　　]

STEP 3

# 得点アップ問題

テスト 3日前 から確認！

別冊解答 P・13

得点 ／100点

**1** 次の漢文を読んで、あとの問いに答えなさい。

子①曰ハク、「②学ビテ而時ニ習フレ之ヲ、不ニ亦タ説バシカラ一乎。
③有下リ朋自リ二遠方一来上タル、不ニ亦楽シカラ一乎。
人不シテ知ラ而不慍ミ、不ニ亦君子ナラ一乎ト。」

（学而）

書き下し文

子曰はく、「［　　］。
朋遠方より来たる有り、亦楽しからずや。
人知らずして慍みず、亦君子ならずや。」と。

(1) ――線①「子」という字を漢文で用いるとき、その意味としてふさわしくないものを次のア～エから一つ選び、記号で答えなさい。（7点）

**ア** 子供　**イ** あなた　**ウ** 孔子　**エ** 先生

［　　］

(2) ――線②について、

A 置き字を一字、抜き出しなさい。（7点）［　　］

B ［　］に当てはまる書き下し文を答えなさい。（8点）［　　］

C ここでの「習ふ」の意味としてふさわしいものを次のア～エから一つ選び、記号で答えなさい。（7点）［　　］

**ア** 教わる　**イ** 予習する
**ウ** 復習する　**エ** まねをする

(3) ――線③について、

A 書き下し文を参考にして、返り点を書きなさい。（完答7点）［　　］

人 不 知 而 不 慍

B この部分の現代語訳としてふさわしいものを次のア～エから一つ選び、記号で答えなさい。（7点）［　　］

**ア** 気づかないうちに人からうらまれるようなことはない。
**イ** 人をよく理解しなければ誤解をなくすことはできない。
**ウ** 世の中の人が認めてくれなくても不満を抱かない。
**エ** 誰かの知識が不足しているからといって叱らない。

(4) この漢文によって伝えられている孔子の教えとはどのようなものか。適切な組み合わせをあとのア～エから一つ選び、記号で答えなさい。（7点）［　　］

A 学ぶということの貴重さと、その喜び。
B 時間をかけて学ぶことのつらさと苦しみ。
C 仲間と楽しく遊ぶ息抜きの大切さ。
D 同じ学問を志す仲間がいることの幸せ。
E 人格者として必要かつ重要な心構え。
F 君子になれなかった者への憤り。

ア　A・C・E　　イ　A・D・E
ウ　B・C・F　　エ　B・D・F　　〔　　〕

**2** 次の漢詩を読んで、あとの問いに答えなさい。

元二の安西に使ひするを送る　　王維

渭城ノ朝雨浥シ二軽塵ヲ一
客舎青青柳色新タナリ
③勧ムレ君ニ更ニ尽クセ一杯ノ酒
西ノカタ出ヅレバ陽関ヲ無カラン故人

〔　①　〕
客舎青々柳色新たなり
②君に勧む更に尽くせ一杯の酒
西のかた陽関を出づれば故人無からん

**現代語訳**　渭城の朝、（しとしとと降る春）雨は、（いつもは）軽く舞い上がる土ぼこりを（しっとりと）潤し、旅館の（かたわらにある）柳の木の色は青々としていて、ひとしおお目に鮮やかだ。さらに飲んでくれ、この一杯の酒を。これから（安西へと行くために）陽関を出てしまったならば□もいなくなるだろうから。

よくでる
(1) この漢詩の形式を漢字四字で答えなさい。（7点）
〔　　　　〕

入試に出る!
(2) 韻を踏んでいる漢字をすべて抜き出しなさい。（完答7点）
〔　　〕

(3) この詩に詠まれている作者の状況としてふさわしいものを次のア～エから一つ選び、記号で答えなさい。（7点）

ア　去っていった部下のことを、一人酒を飲みながら思い出している。
イ　部下と二人で朝廷からの使者をもてなし、酒をふるまっている。
ウ　朝廷の使いとして、遠く安西へと出発する部下を見送っている。
エ　安西へ出発するにあたり、上司に見送られて別れを惜しんでいる。
〔　　〕

(4) 〔　①　〕に当てはまる書き下し文を答えなさい。（7点）
〔　　〕

(5) ――線②のように酒を勧めている理由としてふさわしいものを次のア～エから一つ選び、記号で答えなさい。（8点）

ア　別れを惜しむとともに、見知らぬ地へ旅立つ相手の身を案じているから。
イ　見知らぬ地へと自分が旅立ってしまったら、もはや酒をくみ交わす相手などいないから。
ウ　雨が降り出しており、早く宴を切り上げて出発しなければならないから。
エ　異境の地では酒を飲む行為は禁じられており、これが生涯で最後の酒となるであろうから。
〔　　〕

(6) ――線③について、

A　書き下し文を参考にして、返り点をつけなさい。（完答7点）

西ノカタ出ヅレバ陽関ヲ無カラン故人
〔　　〕

B　書き下し文の□に当てはまる「故人」の意味としてふさわしいものを、次のア～エから一つ選び、記号で答えなさい。（7点）

ア　亡くなった人　　イ　昔の有名な人
ウ　陽関出身の人　　エ　親しい友人
〔　　〕

# 入試問題にチャレンジ 1

目標時間 45分　得点 ／100点　▼別冊解答 P・14

**1** 次の――線部のカタカナを漢字で書きなさい。（千葉県）

(1) 荷物をトドける。

(2) 実験ソウチを組み立てる。

(3) ご意見をウケタマワる。

（各4点）

**2** 次の――線部の漢字の読みをひらがなで書きなさい。（千葉県）

(1) 手に汗を握る。

(2) 条約を批准する。

(3) 力の均衡を保つ。

（各4点）

**3** 次の文章を読んで、あとの問いに答えなさい。（兵庫県）

高校二年生の中溝早希は、中学三年生の時に肩を痛め、中心選手として活躍していたソフトボールを続けることを断念せざるをえなかった。次は、ある日の放課後、早希が、同級生の原千夏が歌の練習をしている音楽室にやって来たとき、物音を耳にして内側からドアを開けた千夏に話しかける場面である。

「練習、見ていってもいい？」

千夏はピアノのほうを振り返った。そこで私は千夏以外にも人がいたのかと初めて気づいたふうに顔を向けた。御木元玲はピアノの前の椅子にすわっていた。彼女は立ち上がり、そのまままっすぐ私の前まで歩いてきた。

「見ていくだけじゃなくて、一緒に歌っていけばいいのに」

べ、と私は口籠もった。べつに、歌いたいわけじゃない。でも、べ、しかいえずに口を噤んだ。御木元玲の口調はあまりにも自然だった。

何もいえずに立っていると、彼女はまたピアノのところへ戻っていく。千夏が弾むような足取りで後を追った。どうしようかと思っているうちに、ピアノが鳴り始めた。これが、＊コールユーなんとかだろうか。ドアを閉め、ゆっくりとピアノのほうへ近づいた。聞いたことのある曲だと耳を傾けていると、やがて千夏が歌い出した。のびのびと楽しそうに。どんな名曲かと思えば、うちの校歌じゃないか。へえ、と思う。退屈な歌だと思っていたけど、こうして聴くと、案外いい。

校歌を歌うことがどんな勉強になるのか知らない。御木元玲は千夏の歌いたいように歌わせて、自分は流暢にピアノを弾いているだけだ。それなのに、ちょっと楽しそうだった。千夏のあんまりうまくない歌が私を誘う。なんとなく私まで歌い出したくなる感じなのだ。

やがて歌が終わると御木元玲のピアノも鳴りやんだ。①校歌の余韻が音楽室に残っている。

「私、歌を歌おうにも楽譜も読めないから。声の出し方も知らないし。そしたら御木元さんが、まずは好きな歌を歌おうって」

千夏が小声で説明してくれる。

「それで、校歌？」

「うん。この学校に来てよかったな、って思うから」

そうか、そんな人もいるのか。この特に取り柄のないような学校に来てよかったと愛着を感じる人を間近に見て、驚くと同時にちょっと恥ずかしくなった。成り行きで入っただけだから、もう余生だから、学校は適当に出ておけばいいと思っていた。

「週に一度、御木元さんに教えてもらって、あとは自分でなんとか――」

「教えてないよ」

御木元玲がきっぱりという。

「伴奏するだけ。ときどき一緒に歌うだけ」

「でもそれだけですっごく歌いやすくなるんだ」

②千夏が熱っぽく語るのを、質問が遮った。

「あとは自分でなんとか、どうするつもりなの」

「だからさ、自分でも練習して、もしちゃんと歌えるようになったら、合唱部に入ろうかなって」

照れくさそうに千夏はちょっと俯いた。おいおい。声に出しそうになって危うく言葉を□。ずいぶん小さい目標じゃないの。しかももう二年の冬だっていうのに今から入部するつもりなのか、このおめでたい同級生は。

あきれているはずなのに、胸がじんとしている。千夏の素直なパワーはどこから来るんだろう。もしかして、この子にはぐるぐるはないんだろうか。いや、と私はブレーキを踏む。たぶん、ぐるぐるのない人なんていない。それを忘れちゃいけない。ぐるぐるぐるぐる、きっと悩んでいる。楽譜が読めないというのがほんとうだとしたら、ずいぶん勇気が要ったことだろう。同級生に初歩から歌を習うなんて。これから合唱部に入ろうなんて。そういう気持ち、すごいと思う。余生じゃないんだ。

今も現役でぐるぐるどろどろがつがつしている人が、なんだか光って見える。自分は降りてしまったはずなのに、そういう人の匂いを嗅ぎ分けてはむかついていた。

認めなくてはいけない。余生ではない、本道を生きている人に嫉妬していたことを。

（宮下奈都「よろこびの歌」より）

（注）＊コールユーなんとか…コールユーブンゲン。合唱練習曲集。

---

(1) 本文中の□に当てはまる言葉を次のア～エから一つ選び、記号で答えなさい。（5点）

ア 引き取る　イ 練る
ウ 飲み込む　エ 濁す

［　　］

(2) ――線①はどのような様子を表現したものか。それを説明した次の文の□a～cに当てはまる言葉をそれぞれ書きなさい。ただし、aには五字、bには十字の本文中から抜き出した言葉を、cにはあとのア～エから一つ選び、記号で答えなさい。（各5点）

・早希が□a□と思っていた校歌を、千夏が□b□歌っている様子に、早希は御木元玲に声をかけられた時の□c□が消え、二人の雰囲気に引き込まれて快い気分を味わっている。

ア とげとげしさ　イ しおらしさ
ウ そらぞらしさ　エ ぎこちなさ

a □□□□□
b □□□□□□□□□□
c ［　　］

(3) ――線②の早希の行動は、千夏に対するどのような気持ちの表れか。ふさわしいものを次のア～エから一つ選び、記号で答えなさい。（5点）

ア 同情心　イ 好奇心　ウ 警戒心　エ 反抗心

［　　］

(4) ――線①以降における、早希の自分自身に対する気持ちの変化を説明した次の文の□a～cに当てはまる言葉をそれぞれ書きなさい。ただし、a・cは本文中から抜き出した二字の言葉を、bは本文中の言葉を使った五字以内の言葉を書きなさい。（各5点）

・早希は、高校生活は□a□のようなものだと割り切っていたが、さまざまな問題に□b□も、目標に向かって□c□を出して行動する千夏のような生き方が本道だと気づき、自分の気持ちに素直に生きたいと思うようになっている。

**4** 次の文章を読んで、あとの問いに答えなさい。(奈良県)

私たちはモノとモノの位置関係をどのように表現するだろうか。モノ同士の位置関係を表すのにもっともよく使うのは「前」「後」「右」「左」という語だろう。「〇〇の前に車を止めてください」「〇〇は△△の左にあります」は、私たちがいつも使う表現である。

ところでみなさんは「前」とか「左」とか言われて、混乱したことはないだろうか①。駐車場でよく「前向き駐車お願いします」と書いて②ある。それにもかかわらず車の向きはばらばらで、通路に向かって前向きの車もあれば、その反対の車もある。そもそも「前」ということばは視点に依存していて、その視点が決まらないと「前」が決まらない。③「前向き」というのは、車を運転しているときの進行方向のことを「前」というのか、駐車したとき通路から見て「前」なのか。

「前」「後」「左」「右」というのは相対的に決まるもので、一義的に決まるものではない。話し手と聞き手が対面している状況では、話し手の右側は聞き手の左側になる。同じ二つのモノを見ていても、見ている人の視点によって、前後左右は変わってしまうのだ。

そもそも「前」とは何なのか。「前」を決めるのに、二つの視点があることに気がついているだろうか。「前」というのは、話し手の体を中心にして、目があるほうを「前」という場合と、モノにもともとある「前」(顔、進行方向、正面)を中心にする場合とがある。前者は自己中心枠*、後者はモノ中心枠である。

「〇〇は△△の前にある」と言うときの△△を「参照物体」とよぼう。例えば、木や石など、参照物体にもともと正面がない場合には、④常に自己中心枠をとることになる。例えば「ボールは木の前にある」と言ったとき、日本語では、ボールは木と自分の間にあると受け取る。話し手は木が自分と対面しているように感じ、木が自分のほうに向いている、と思うわけである。

日本語と反対の見方をする言語もある。インドのハウザという言語では、正面(顔)のないモノは、自分と同じ方向に外に向いていると想定している。つまり、「木の前」は木に対して話し手から遠い方、つまり木の向こう側にある。私たちは「前」という語を当たり前のものとして使っているが、「前」がどこかということさえ、言語によって異なるのである。

このように、「前」という語が指し示すのは、実は、きわめてつかみどころのない概念なのである。「東」「西」「南」「北」のような方角を表すことばなら、このような曖昧性*はなく、一義的に位置関係を決めることができる。しかし私たちは、曖昧な概念であるにもかかわらず、「前」「後」「左」「右」を用いないで空間の関係を表すことは想像できない。

(今井むつみ「ことばと思考」より)

(注)＊～枠…～の考え方　曖昧…はっきりしない

a [ ]

b [ ]

c [ ]

(1) 中2 ――線①「か」と同じ意味で使われているものを次のア～エから一つ選び、記号で答えなさい。(3点)

ア そろそろこの辺りでお弁当でも食べようか。
イ なるほどそれがこの事件の真相だったのか。
ウ この中で奈良公園に行くバスはどれですか。
エ そんな不十分な説明で満足できるのですか。

[ ]

(2) 中2 ――線②と同じ種類の音便形をとる動詞を次のア～エから一つ選び、記号で答えなさい。(3点)

ア 聞く　イ 見る　ウ 読む　エ 行く

[ ]

(3) ――線③とあるが、田中さんたちは班で、「前向き駐車」というときの「前」を筆者がどのように考えているのかについて話し合った。次の[ ]内はその記録の一部である。これを読み、筆者の

考えについて最も適切な発言をしている人の名前を書きなさい。（6点）［　　］

田中「『前』というのは自分を中心にした言葉だと言ってるから、運転しているときの進行方向が『前』だと考えているよ。」

井上（いのうえ）「注意書きがある場合の話だから、逆に、『前』というのは駐車したとき通路から見て『前』なのだと考えているよ。」

木下（きのした）「『前』のとらえ方は視点で変わると述べているから、どちらを『前』としても間違（まちが）いとは言えないと考えていると思う。」

山本（やまもと）「だから、それぞれの視点でモノを見るのではなく、『前』の意味を相談して一つにするのがいいと考えているのだろう。」

(4) ――線④とあるが、「モノ中心枠」をとることができるのはどのような場合だと考えられるか。本文中の言葉を使って書きなさい。（9点）［　　］

**5** 次の文章を読んで、あとの問いに答えなさい。（福島県）

今は昔、＊唐（もろこし）に＊孔子（こうし）、道を行き給（たま）ふに（道を歩いて行かれると）、八つばかりなる童（わらは）あひぬ（八歳（さい）くらいの子どもに出会った）。孔子に問ひ申すやう（お尋（たず）ねすることには）、「日の入る所と＊洛陽（らくやう）と、いづれか遠き（どちらが遠いですか）。」と。孔子①いらへ（返答なさる）給ふやう、「日の入る所は遠し。洛陽は近し。」童の申すやう、「日のいで入る所は見ゆ（出たり入ったりする所は見える）。洛陽はまだ見ず。されば（だから）日のいづる所（出る所）は近し。洛陽は遠しと思ふ。」と申しければ（申し上げたので）、孔子、かしこき童なりと感じ（お感じになった）給ひける。「孔子にはかく物問ひかくる人もなきに（このようにものを尋ねて聞く人もいないが）、かく問ひけるは、②ただ者にはあらぬなりけり（ただの子どもではなかったのだなあ）。」とぞ人いひける（言ったという）。

（「宇治拾遺物語（うじしゅういものがたり）」より）

（注）＊唐…昔、中国を呼んだ名称（めいしょう）。　洛陽…中国の地名。　孔子…古代中国の思想家。

中1

(1) ――線①「いらへ」の読み方を、現代仮名遣（かなづか）いに直してすべてひらがなで書きなさい。（3点）［　　］

(2) 本文の内容について説明した次の文章の□に当てはまる言葉を、本文（文語文）中から二十字以内で抜（ぬ）き出しなさい。（6点）

・童は、自分の質問に答えてくれた孔子に、「日のいづる所は近し。洛陽は遠しと思ふ。」という考えを伝える。それは、日ごろの生活の中で気づいた「□」ということに基（もと）づいている。孔子は、その考えを聞いて、「かしこき童」だと思ったのである。

(3) ――線②のように「童」が「人」から評価された理由としてふさわしいものを次のア～オから一つ選び、記号で答えなさい。（6点）

ア　大人のような発想法を用いて、孔子の欠点を鋭（するど）く指摘（してき）したから。
イ　経験から正しく洛陽の位置を把握（はあく）して、孔子を感動させたから。
ウ　子どもの視点で観察して、太陽の動き方の特色を説明したから。
エ　観察に基づく分析（ぶんせき）を行って、科学的な真理にたどり着いたから。
オ　自分なりの考えをもって、ひるむことなく孔子と問答したから。［　　］

# 入試問題にチャレンジ 2

目標時間 45分　得点　／100点　▼別冊解答P.15

**1** 次の――線部の漢字の読みをひらがなで書きなさい。（愛媛県）（各4点）

(1) 施設の使用を許諾する。　［　　］
(2) 輸入品が不当に排斥される。　［　　］
(3) 考え方に隔たりがある。　［　　］

**2** 次の――線部を漢字で書きなさい。ただし、必要なものには送り仮名をつけること。（愛媛県）（各4点）

(1) 旅行のめんみつな計画を立てる。　［　　］
(2) 彼は次第にリーダーとしてとうかくを現してきた。　［　　］
(3) 枯れ葉がちる。　［　　］

**3** 次の文章には、弓道部に所属する中学三年生の伊吹早弥が、県大会を前に弓道部で練習をしているときのことが書かれている。この文章を読んであとの問いに答えなさい。（静岡県）

感覚がおかしい。早弥は体操着のポケットにそっと左手を入れた。

*たまごをもう一度握る。この感じ。忘れないうちに、弓を握る。歯を食いしばって、もう一度的に向かう。思い切り、弦を引いた。

やはり、外れた。

「こんにちは。」

そのとき、玄関からだれかの声がした。やわらかな声だった。

え？　懐かしい。それがだれかわかったとたん、早弥は［　　］振り返った。「*坂口先生！」*実良が大声で叫び、そのままそばへかけ寄った。早弥も*春もわっと先生を取り囲んだ。

「練習中に失礼します。」

「いいえ、お久しぶりです。お体は大丈夫ですか。」*澤田先生も出てきた。

久しぶりに見る先生は、なんだか少し小さくなったような気がした。

「はい、大丈夫ですよ。試合前にどうしてもみなさんにお会いしたくてね。」坂口先生はにこにこと笑っている。「いつからいらっしゃったんですか。」「えー、ぜんぜん気づかんかった。」

驚く実良を、坂口先生は感慨深そうに見つめた。「集中していましたからね。松原さん、あなたすっかり力を取り戻しましたね。すばらしいです。」「そんなあ。」「いえ、たいしたものです。」

実良は首を振った。「みんながおったから……。」照れくさそうだ。

「①そういうところも成長しましたよ。もう大丈夫です。」

実良はうれしそうに、坂口先生の手をぎゅっと握った。

「石田くんは、立派な*落ちですね。あなたが最後に控えているおかげで、二人も安心でしょう。」そのとおりだ。春は、早弥や実良が外そうが中てようがびくともしない。「ありがとうございます。」春はかしこまった感じでお辞儀をした。

先生の穏やかな目がこちらを見た。早弥はうつむいた。自分ひとりだけ、大きく立ち遅れている。先生のいない間の成長を見せることができなかった。顔が上げられない。

そんな早弥に、坂口先生は意外な言葉をかけてくれた。

「伊吹さんも頼もしいですよ。見まがうくらいの気迫を感じますよ。」

早弥はおずおずと顔を上げた。「頼もしくなんかないです。全然だめです。」首を振る早弥の後ろから、澤田先生が懇願するように言った。

「先生、いいところに来てくれました。ちょっと指導してやってください。伊吹、市内大会からこっち、スランプらしくって、正直、まいっとったんですわ。素人のぼくではどうにもなりません。」泣き出しそうな声を張りあげる。

「そんなことはないですよ。澤田先生もご立派にやってらっしゃいます。」

坂口先生からほめられて、澤田先生は大きな体をちぢこめて、子どもみたいに照れ笑いした。

坂口先生は優しい微笑みを浮かべたまま早弥に向かった。

「もう言うことはないと思いますけどね。基本はしっかりしていますよ。足腰の安定もぐっとよくなっていますしね。伊吹さん、あなたよく練習しましたね。」

「早弥は、あたしの練習にもずっと付き合ってくれてました。」口ごもる早弥のかわりに、実良は答えた。

「そうでしょうね。大丈夫です。今、ちょっと具合が悪いのは、思いが強すぎるからではないですか。」

思いが強すぎる。心の中で＊反芻してみる。大きな心当たりにごろりとふれた。はっと顔を上げる。＊大前、県大会、九州大会。そして、全国大会。がっちりと絡み合って心の中に居座っていた。

「志を強く持つのはいいですけど、心がそれに支配されてしまっては、振り回されます。よい矢を射ることができませんよ。」

「②はい。」

坂口先生の声は、がちがちした心の塊にゆっくりと響くようだった。硬くなった体もやわらかくほどけていくのを感じた。

（まはら三桃「たまごを持つように」より）

（注）＊たまご…うずらのたまご。弓を柔らかく握る練習のために持ち歩いている。　**坂口先生**…七十八歳の弓道部の監督。病気で半年ほど指導を休んでいた。　**実良・春**…それぞれ「松原実良」、「石田春」。ともに弓道部の部員。　**澤田先生**…弓道部の顧問。　**落ち**…三人一組で行われる、弓道部の団体戦の最後の射手。　**反芻**…繰り返し考えること。　**大前**…弓道の団体戦の最初の射手。

中2

(1) 本文中の□に当てはまる言葉としてふさわしいものを、次の**ア**〜**エ**から一つ選び、記号で答えなさい。（5点）

**ア** がっかりした様子で　**イ** はじかれるように

**ウ** のんびりした様子で　**エ** おじけづくように　［　　］

(2) 本文中には、存在を表す「いた」という言葉を、尊敬語を用いて表現している部分がある。その部分を、本文中から抜き出しなさい。（5点）［　　］

(3) ――線①で示されている、実良の成長した点とは何か。ふさわしいものを次の**ア**〜**エ**から一つ選び、記号で答えなさい。（6点）

**ア** だれに対しても恥じらうことなく気さくに話をする点。

**イ** 丁寧な言葉遣いで礼儀正しく人と接しようとしている点。

**ウ** ほかの部員の練習にも熱心に付き合う思いやりのある点。

**エ** 周囲の人への感謝を忘れず謙虚な気持ちをもっている点。［　　］

(4) ――線②のように答えた早弥は、どのような気持ちになったか。坂口先生とのやりとりを通して早弥が気付いたことを含めて、四十字程度で書きなさい。（10点）

40

## 4 次の文章を読んで、あとの問いに答えなさい。（大阪府）

われわれの地球は、生命を育む惑星です。

では、生命とは何でしょうか。じつは①「生命とは何か」、この問いこそ、自然の解読が急速に進んだ二十世紀末でも、まだわからない問いとして残っている問題です。

「宇宙とは何か」「地球とは何か」という問いは、ある程度答えが得られたといってもいいのですが、「生命とは何か」だけは答えられません。

その理由は簡単です。われわれの知っている生物学というのは、地球生物学だからです。

もし宇宙に生命があまねく存在するとして、その地球外生命を一つでも知るようになったら、「生命とは何ぞや」という知識は格段に広がります。しかし今われわれが知っている生命とは、地球の上の生命ただ一種類だけなのです。

一つしか知らない、そのものの特徴をいくら調べても、それと同様のものが宇宙にも存在するという保証にはなりません。ようするに局所的な、非常に特殊な環境下で生まれたかもしれない生命しか知らないわれわれが、「生命とは何か」などという普遍的な問いにはまだ答えられないのです。

今われわれが問うているのは、正しくは「地球の生命とは何なのか」という問題です。

しかもここで地球の生命という場合も、われわれが知っているような環境――つまり年平均気温摂氏一五℃、地表気圧一気圧付近――そういう環境にいる生命について「生命とは何か」と問われるならば、答えられるということです。われわれのよく知っている地球生命について問われれば答えられますが、［②］な意味で「生命とは何ですか」と問われても、今は答えようがないのです。

この「問いの立て方」というのは重要です。理数系の問題でも、人生の問題でもいいのですが、みなさんが、ある問題が解けないとか、どうしたらいいのかわからないという場合、多くは問題そのものが正しく設定されていないから解けないことが多いのです。

問いは具体的である必要があります。「地球上の生命とは何か？」「日本列島にいる生物って何なの？」というように、問う範囲をどんどん狭くしていけば、その問うている生命というものが具体的になるでしょう。具体的になれば、考えられるし、答えも得られるのです。「生命とは何か」というような抽象的な問いの場合、もっと生命というものについての普遍的なデータがあって、そこから本質的な特徴を抽出して「生命とはこのようなものですよ」ということについて何か言える段階になっていなければ、考えることすらできません。

物理学であれば、古典力学とか電磁気学、熱力学、統計物理学、流体力学、弾性体力学、あるいは相対性理論とか量子力学とか、それらを用いてこの宇宙に生起する様々な現象を説明でき、あるいは予測することができます。いくつかの基本的な法則とか定数に基づいて、すべてというわけではありませんが、この宇宙を記述することができます。

これはなぜかというと、この宇宙で物理学が成立するのがわかっているからです。生命についてはまだそういう段階ではないのです。

ですから、問いそのものを、答えがあるような問い、あるいはきちんと意味のある問いにしていかなければ答えられないのです。ほとんどの人はそこをきちんと認識していませんから、答えられないような問題を堂々巡りで考えることになってしまうのです。

（松井孝典「われわれはどこへ行くのか？」より）

(1) ――線①「『生命とは何か』」とあるが、本文中で筆者は、「生命とは何か」という普遍的な問いに対して、われわれがどれだけ生命の特徴を調べても答えられないのはなぜだと述べているか。その内容についてまとめた次の文の［　　］に入る内容を、本文中で述べられている生命についてのわれわれの知識がどのようなものなのかということにもふれて、四十五字以上、五十五字以内で書きなさい。（12点）

・われわれがどれだけ生命の特徴を調べても、［　　］ということが裏付けられるわけではないから。

(2) 本文中の［②］に当てはまる言葉としてふさわしいものを、次のア～エから一つ選び、記号で答えなさい。（6点）

ア　相対的　　イ　限定的
ウ　能動的　　エ　一般的

［　　］

(3) 「問いの立て方」について、本文中で筆者が述べている内容を次のようにまとめたとき、［a］、［b］に当てはまる言葉を、本文中から、［a］は十八字、［b］は十四字で探し、それぞれはじめの五字を抜き出しなさい。（各6点）

・問題を解き明かすことができないのは、ほとんどの場合、［a］からであり、問いを立てるときには、［b］ような具体的な問いを立てなければならない。

a［　　］
b［　　］

中1

## 5　次の漢文の書き下し文を読み、あとの問いに答えなさい。（山口県）

客、①斉王の為に画く（絵を描く）者有り。斉王問うて曰く、「画くこと孰れか最も難き者ぞ（何が最も難しいか）。」と。曰く、「［　　］難し。」と。「孰れか易き者ぞ。」と。曰く、「②鬼魅最も易し。」と。夫れ（そもそも）犬馬は人の知る所なり、旦暮に前に覿る（人の目に見えるので）、之に類せしむべからず（似せて描くことができず）、故に難し。鬼魅は形無き者にして、前に覿らず、故に之を易しとするなり。

（「韓非子」より）

（注）＊鬼魅…鬼や化け物。　＊旦暮…朝晩。いつも。

(1) ――線①「斉王の為に」は、漢文「為斉王」を書き下し文に改めたものである。書き下し文を参考にして、「為ニ斉王ノ」に返り点を補いなさい。（完答6点）

［為ニ　斉　王ノ］

(2) ［　　］に当てはまる言葉としてふさわしいものを、書き下し文の中から抜き出しなさい。（7点）

［　　］

(3) ――線②「鬼魅最も易し」とあるが、その理由を現代語で説明しなさい。（7点）

［　　］

# 入試問題にチャレンジ 3

▼別冊解答 P.16

目標時間 45分　得点 ／100点

**1** 次の――線部の漢字の読みをひらがなで書きなさい。（山梨県）

(1) 晴天が続き、空気が乾燥する。

(2) 発展途上国の開発を援助する。

(3) なつかしい童謡を歌う。

（各4点）

**2** 次の――線部を漢字で書きなさい。（山梨県）

(1) 偉人のどうぞうを建てる。

(2) 学園祭ですんげきを演じる。

(3) ろうどう時間の長さを比較する。

（各4点）

**3** 次の文章を読んで、あとの問いに答えなさい。（岐阜県）

　中学生の江崎学は、成績が落ち込み泣いていたが、自分の成績が落ちたのを、田舎にいるせいにしていた。次の文章は、それを聞いた、親友の松本憲太が、久松先生のような医師になるのが夢だという学と話をしている場面である。

　右手が勝手に動いて、向かい合う学の肩を摑んでいた。

「バッカじゃねえの？　久松先生だってこの村の出身だぞ。そりゃたしかにここは田舎だよ。でも、それだけの理由でおまえが駄目になるなら、それはおまえがその程度だっただけだよ。全世界のお医者さんは一人残らず都会出身なのかよ？　違うだろ？　本当にすごいやつは、どこにいたってちゃんとやれる。」

「でも。」

　学が反論しかけた矢先、落雷があった。手の中にある彼の肩が強張るのがわかった。憲太はまた窓の外を見てしまった。空が明るくなるごとに、一面を覆う雷雲の形が、黒と群青と紫を混ぜたような色で浮かび上がる。

「でも……僕のことをすごいと言ったのは、僕じゃない。大人たちや、憲太だよ。」

　憲太の手首が、そっと学の右手で押しのけられた。冷たい手だった。

「大人にはなんと噂されてもよかったけど、憲太が言ってくれたのは嬉しかった。だから。」

　ずっと、誰よりすごくあり続けなくてはいけないと思った――①学は打ちひしがれたみたいにうなだれた。

「あ……僕、憲太のせいにしたね。」

　学はもう泣き声をたてなかった。ただ、両手で顔を拭い続けた。雷が夜を走るたびに、唇を嚙みしめ、目の下や頰に指や手の甲を押し当てる青白い顔が見えた。憲太はだんだんと不思議な気分になった。学はクラスの中でははっきりと大人っぽい部類に入る。本校の生徒を含めてもそうだし、実際に目にしたわけではないけれど、札幌の進学塾のクラスでだって、群を抜いて冷静で落ちつき払った雰囲気だっただろう。けれども今、自分の前にいる学は、まるで子どもだった。雷に怯えて目を閉じ、耳をふさいでいた、遠い日のように。

　そうか、嬉しかったのか。俺の言葉が。

　もう何度目かわからない稲光と轟音が襲う。雷が光るたびに、幼かったころの学が今の学と重なり、さっきまでの腹立ちはどこへやら、憲太は自分でもわけがわからぬまま、笑っていた。

「俺さ、おまえのことすごいって言ったけどさ、別におまえが勉強すごいから友達なんじゃないよ。」

　学の手が止まる。憲太は続けた。

「俺は学が*神童だから好きなんじゃない。おまえがブサイクでも頭悪くても、おまえがおまえならそれでいいんだ。」

「憲太……。」

「テストの成績がすごいと思ったのは嘘じゃないよ。学が褒められるのもすげえ嬉しい。でも俺、②おまえの本当にすごいところ、別にあるのを知ってる。」

「え?」

「春休みさ、おまえいなかっただろ? だから俺、*ビートの間引き作業、一人で手伝わされたんだよな。」

稲妻につい言葉を切り、窓の外へと目をやった憲太を、学が遠慮がちに急かした。

「……間引き作業がどうかしたの?」

「ああ、それな。あのさあ、間引き作業ってすげえ面倒くさくてつまんねえの。おまえ、知ってた?」

「まあ、地味で遅々として進まない作業っていうよね。うちの親は好きじゃないって言ってた。」

「だろ? おまえは?」

「僕は別に好きでも嫌いでもない。」

「俺もそうだった。でも俺さ、今年初めて、うわ、この作業つまんねえって気づいたんだよ。それまでは間引き作業を嫌いじゃないと思ってた。うんざりなんてしなかったからさ。でも、本当は嫌いだったみたいなんだ。」

学は頷いた。「それで?」

「でさ、なんで今まで毎年やってきて、嫌いだって気づかなかったのかなって考えてみてさ、俺わかったんだよ。」

憲太は学の胸元を人差し指で軽く押した。「去年まで、おまえと一緒にやってたからだって。」

虚を突かれたような学の表情が、稲妻に照らされる。その光の力を借りて、憲太は学の目を覗き込む。

「そうだよ、隣におまえが、学がいたから、『嫌い』や『つまんねえ』がごまかされていたんだ。おまえと一緒にやったから、あの間引き作業もそれなりに楽しかったんだ。」

(注)＊神童…能力が極めて優れている子ども。
ビート…野菜の一種。

(乾ルカ「願いながら、祈りながら」より)

(1) ——線①「学は打ちひしがれたみたいにうなだれた」とあるが、このときの学の気持ちとしてふさわしいものを次のア～エから一つ選び、記号で答えなさい。(12点)

ア 周りの大人たちでさえ自分のことを理解してくれていたのに、親友だと思っていた憲太が自分のことを誤解していることに気づき、あきれている。

イ 憲太の意見が正しいものであることはわかっていたが、一方的にその考えを主張しようとする憲太の態度に嫌気がさしている。

ウ 憲太は成績が落ち込んだ原因は学自身にはないとかばってくれたのに、その心遣いを素直に喜ぶことができない自分を情けなく思っている。

エ 自分にとって特別な存在だと感じている憲太の言葉を支えとして頑張ってきたが、その憲太自身に自分の言動を批判されて落ち込んでいる。

［　　］

(2) ——線②「おまえの本当にすごいところ、別にあるのを知ってる」とあるが、憲太は、学の本当のすごさはどのようなところにあると考えているか。二十字以上二十五字以内で書きなさい。ただし、「嫌いな作業」、「楽しく」という二つの言葉を使うこと。(20点)

**4** 次の文章を読んで、あとの問いに答えなさい。（一部表記を改めたところ、省略したところがある。）（富山県）

我が家の庭には石垣があり、ささやかな家庭菜園もある。そこの管理は妻に委ねてあり、彼女は「刈っても刈ってもまたすぐに生えてくる」と困った顔をしながら、毎年雑草と格闘している。ある日、その様子を見ながらふと考えた。もし我々が砂漠に住んでいたらどうだろう。どんな植物でも構わないから、たくさん生えてくれることを望むだろう。植物が生えれば、そこには水があり、それを食べる動物がいる。人の命を支えてくれる源があるのである。

考えてみれば、刈っても刈っても雑草が生えてきて困るということは、そこにはそれだけ高い植物生産力があり、それを支える地力があるということだ。そして、何よりも、そこには多くの生命活動を支える水があるということである。

日本の年間降水量はおよそ一七〇〇ミリであり、世界平均の約一〇〇〇ミリを大きく上回っている。世界でも雨の多い国といえるだろう。その上、温暖でもある。これらの条件が、日本の高い植物生産力を支えている。たくさん降る雨は、しばしば洪水という災いを日本人にもたらすが、その一方で、大きな恩恵を与えてくれているのである。そう考えると、生い茂る雑草に感謝の念を持つようになり、今、日本に暮らしていることの幸運を喜びたい気持ちになってこないだろうか。

①そんな雑草を、われわれは除草剤をかけて枯らし、刈り取って燃やしている。その草は、太陽の下で増え、人間に殺されなければ、様々な動物の餌になっていただろう。すると、光合成によって雑草の体内に取り込まれた太陽エネルギーが、食物連鎖を介して多くの生物に運ばれていたに違いない。

［A］、バッタは雑草を食べるが、そのバッタは、次に鳥に食べられるだろう。人間がかわいがっているツバメも昆虫を餌としており、雑草に始まる食物連鎖の上位に位置する動物だ。それだけではない。雑草からの食物連鎖は人間にまでもつながっている。雑草を食べたバッタなどの昆虫には、川や湖に落ちるものがいる。この水面に落下した昆虫は、例えばイワナなどの魚の重要な餌になっているのである。そして、そのイワナは釣り上げられ、食卓にのることになる。

また、雑草を燃やすということは、雑草が得た太陽エネルギーを熱エネルギーに変え、さらに二酸化炭素を大気中に放出することで、温暖化に貢献してしまう。それならば、刈った雑草を腐らせてから農地の肥料として使い、雑草からバイオエタノール*をつくる技術を開発して石油の代替燃料として使った方がいいだろう。もしそれが実現したなら、誰もその植物を雑草などと呼ばなくなるかもしれない。

［B］、二十年ほど前、ドイツのプリョンという湖沼地帯で開かれたプランクトンの国際会議に出席したとき、知り合いのミジンコ研究者に招かれて、彼の自宅を訪れた。彼は、居間でお茶を飲みながら談笑している最中に、窓を大きく開け、「見てください。すばらしいでしょう」といいながら②誇らしげに庭を見せてくれた。私はそれを見て一瞬言葉を失った。なぜなら、その庭は雑草だらけだったのである。私にはそれがきれいな庭とは思えなかったのだ。そのとき、同行した日本人研究者が笑いながら「我が家の庭と同じです」とジョークを言ったが、相手はその意を解さずきょとんとしていた。ドイツ人の彼にとっては、③何も手を加えない自然のままの状態がすばらしい景観であるようだ。ということは、日本人が雑草と呼ぶ植物も彼には美しい植物なのである。

このやりとりにより、ドイツ人と日本人の自然に対する考え方の違いを知り、また日本人が偏見の目で植物を見ていることに気づかされたのであった。

その後、その家の主は、庭を掘ってつくった小さな池を指さし、「あの池の中にはミジンコがいるんだよ」と言った。さすが著名なミジンコ学者だ。この言葉で場の雰囲気が一気に和んだのである。

考えてみると、日本人だったら池をつくるとまずそこに魚を入れるだろう。日本人にはそのような固定観念があり、それが考え方の多様性を失わせているように私は感じた。

中2

（花里孝幸「自然はそんなにヤワじゃない　誤解だらけの生態系」より）

（注）＊バイオエタノール…穀物などから作られる再生可能なエネルギーで、その燃焼によって大気中の二酸化炭素を増やさない。

(1) ――線①「そんな雑草を……刈り取って燃やしている」とあるが、このことによって生じる短所は「食物連鎖に影響を与え、太陽エネルギーが無駄に使われていること」ともう一つは何か。本文中の言葉を使って書きなさい。（8点）

［　　　　］

(2) [A]、[B]に当てはまる言葉の組み合わせとしてふさわしいものを次の**ア**～**エ**から一つ選び、記号で答えなさい。（6点）

**ア**　A例えば　Bところで　**イ**　Aしかも　Bすなわち

**ウ**　Aつまり　Bなぜなら　**エ**　Aだから　Bそのうえ

［　　　　］

(3) ――線②「誇らしげに庭を見せてくれた」とあるが、ドイツ人研究者は、自分の庭をどのようにとらえているか。次に示す筆者のとらえ方を参考に、本文中の言葉を使って書きなさい。（8点）

・〔筆者のとらえ方〕雑草だらけなので、きれいな庭とは思えない。

［　　　　］

(4) ――線③「ようだ」と意味が異なるものを次の**ア**～**エ**から一つ選び、記号で答えなさい。（5点）

**ア**　売場は、すいているようだ。

**イ**　展示場は、二階にあるようだ。

**ウ**　大会は、行われないようだ。

**エ**　日差しは、まるで夏のようだ。

［　　　　］

中3

**5** **次の文章を読んで、あとの問いに答えなさい。**（宮城県）

この＊禅師、武蔵野の野中にて、水のほしかりければ、小家の見えけるに立よりて、水のほしきよし①云けるを聞て、まどの中より、端割れたる＊ひきれに水を入、十二、三許なる小童の、指出したるをとるとて、

②＊もちながらかたわれ月に見ゆるかな

と云ければ、小童＊とりもあへず、

まだ山の端を出でもやらねば

と云ける。＊わりなくこそ。

（「沙石集」より）

（注）＊禅師…禅僧。　**ひきれ**…お椀。　**もち**…「持ち」と「望（満月）」の掛詞。　**とりもあへず**…たちどころに。　**わりなくこそ**…思いもかけないことだ。

(1) ――線①「云けるを聞て」とあるが、この部分に言葉を補って現代語訳したものとして正しいものを次の**ア**～**エ**から一つ選び、記号で答えなさい。（5点）

**ア**　筆者が言ったのを小童が聞いて

**イ**　禅師が言ったのを小童が聞いて

**ウ**　筆者が言ったのを禅師が聞いて

**エ**　小童が言ったのを禅師が聞いて

［　　　　］

(2) ――線②「もちながらかたわれ月に見ゆるかな」とあるが、「かたわれ月」とは何をたとえたものか。本文中から十字以内で抜き出しなさい。（6点）

(3) 次の文は、この話の筆者がどのようなことに心を動かされたのかについて、まとめたものである。[　　]に当てはまる言葉を考えて、十五字以内で答えなさい。（6点）

・片田舎の貧しげな家の十二、三歳ほどの子どもが、思いがけず、たちどころに[　　]こと。

入試問題にチャレンジ3

中学国語

# 中学定期テスト 得点アップ問題集

## 別冊解答

第1章 文法

## 1 言葉の単位・文の成分

### STEP 2 基本問題

本冊P・8

1
(1)(文節)5 (単語)7
(2)(文節)5 (単語)9
(3)(文節)4 (単語)8
(4)(文節)5 (単語)7
(5)(文節)4 (単語)7

2 (1)イ (2)オ (3)ウ (4)ア (5)エ

3 (1)B (2)A (3)A (4)B

4 (1)見えるくらいに (2)なった(。) (3)着いたと (4)風が (5)走る (6)笑顔を (7)訪れる

**解説**

1
(2) 動詞に続く「た」は一単語である。
(4) 「正しくない」は、「ない」の前に「は」を入れることができるので、「正しく」と「ない」でそれぞれ文節に分ける。

2
(2) 呼びかけの言葉であり、ほかの文節とは関わりがないことから、独立語である。
(3) 「珍しい」をくわしく説明している修飾語である。
(5) 「正解」か「不正解」かのいずれかであることを示す接続語である。

3
(1) 「泳いだ」という用言を含む文節を修飾する。
(2) 「実」という体言を修飾する。
(4) 「眺める」という用言を含む文節を修飾する。

4
(1) 「見えるくらいに」で一文節である。
(2) 「十四歳に」と「なった」が文節で区切れることに注意する。
(4) 一文節を抜き出すのだから、「初秋の風が」の「風が」という文節を答える。

### STEP 3 得点アップ問題

本冊P・9

1 (1)私は (2)(主語)声は (述語)つっかえた(。) (3)イ (4)松井君

2 (1)別に/構わ・ない・と/言う/人・も/いる。 (2)ある (3)ア (4)6

**解説**

1
(1) 「行くよ」という述語に対する主語を考える。
(2) 「何は→どうする」という文の骨組みを見抜く。
(3) 「昨日は」は「昨日はどうだったかというと」という意味である。イの「花は」は「花といえば」という意味だが、イ以外は主語である。
(4) 「松井君」は、呼びかけを表す言葉であり、ほかの文節に関わりがないので、独立語である。

2
(1) 「構わないと」の「ない」の前に「は」を入れることができないので、「構わないと」で一文節である。
(3) 「ますます」は「なった」をくわしく説明する修飾語。アは修飾語、イは独立語、ウは接続語、エは述語である。

第1章 文法

## 2 文節どうしの関係・連文節・文の組み立て

### STEP 2 基本問題

本冊P・12

1 (1)C (2)B (3)A

2 (1)× (2)○ (3)○ (4)× (5)×

3
(1)母と私はそっくりだ。
(2)ゆっくり歩いても追いつける。
(3)明日、恒例のマラソン大会が開かれる。
(4)大事なもの、それはギターだ。

**解説**

1
(1) Cの「父も」と「母も」は対等な資格で並んでいるので、並立の関係。そのほかは、主・述の関係。
(2) Bの「食べている」の「いる」は、本来の意味を失っているので、補助の関係。そのほかは、修飾・被修飾の関係。
(3) Aの「優しくて」と「おおらかな」は、入れ換えても成立するので、並立の関係。そのほかは、接続の関係。

2
(1) 「カレーライスだったので」は「うれしかった」の理由を述べているので、接続の関係。
(4) 「私は」は主語、「あなたと」は修飾語なので、並立の関係とはいえない。
(5) 「ぼくは」は「誰が」、「決めた」は「どうする」を表すので、主・述の関係。

3
(1) 「母と」と「私は」という二つの文節が連文節となって主部になっている。
(2) 「ゆっくり」と「歩いても」という二つの文節が連文節となって接続部になっている。
(3) 「恒例の」と「マラソン大会が」が連文節で主部になっている。
(4) 「大事な」と「もの」が連文節となって独立部になっている。

## STEP 3 得点アップ問題

本冊P.13

1 (1)ウ (2)補助の関係 (3)並立の関係 (4)イ (5)エ

**解説**

1
(1) 「出てくる」は「どうする」にあたる文節なので、これに対する「何が」にあたる文節を考える。
(4) 「変わって」と「いる」は補助の関係。イの「いる」は本来の意味のまま使われている。
(5) 「一度も」は「ない」をくわしく説明する修飾語。したがって、連文節としては修飾部となる。

第1章 文法

# 3 単語の分類・品詞・体言／用言

## STEP 2 基本問題

本冊P.16

1 (1)①山・空気・おいしい ②の・は ③おいしい ④山・の・空気・は
(2)①五時・なる・待た ②に・まで・ない・か ③なる・待た・ない ④五時・に・まで・か

2 (1)ア (2)イ (3)ウ

3 (1)助詞 (2)副詞 (3)形容動詞 (4)名詞 (5)形容詞 (6)連体詞 (7)動詞 (8)助動詞 (9)接続詞 (10)感動詞

4 (1)イ (2)ウ (3)ア (4)ウ (5)ア (6)イ

5 (1)普通名詞 (2)固有名詞 (3)形式名詞 (4)代名詞 (5)数詞

**解説**

1 自立語は各文節のはじめに一つだけあり、それ以外はすべて付属語である。

2
(1) 言い切りの形がウ段で終わるので、動詞。
(2) 言い切りの形は「白い」。「い」で終わるので、形容詞。
(3) 言い切りの形は「穏やかだ」。「だ」で終わるので、形容動詞。

3 「自立語か付属語か」「活用するかしないか」や、さらに働きによって品詞を見分ける。また、用言が活用している場合、終止形に変えて、どの品詞であるかを考える。

4
(4) 「おはよう」は感動詞なので体言でも用言でもない。
(5) 「始まり」は名詞なので体言である。

5
(1) 「母」には、自分にとっての「母」だけでなく、ほかの人にとっての「母」も存在するため、固有名詞でなく普通名詞。
(2) 地名や人名は固有名詞である。
(3) 「こと」という言葉自体の意味が薄れているが、形式上、文中に置かれている。このような名詞を形式名詞という。
(4) 対象を指し示す働きをするもので、主語になることができるものは代名詞である。
(5) 回数や日付など、数字に関する名詞を数詞という。

## STEP 3 得点アップ問題

本冊P.17

1 (1)しかし・それでも・だから (2)エ (3)ア (4)イ (5)エ

**解説**

1
(1) 「すると」は接続詞。
(2) 「この」とエ「あらゆる」は連体詞。アは形容動詞、イは形容詞、ウは名詞。
(3) 「ない」とア「熱かっ」は形容詞。イは副詞、ウは動詞、エは感動詞。
(4) 「熱心さ」とイは名詞。アは動詞、ウは形容詞、エは形容動詞。

第1章 文法

# 4 活用とは・自立語／付属語

## STEP 2 基本問題

本冊P.20

1 (1)①ケ ②ア・ウ・カ・キ
(2)①ア・カ・コ ②ウ・オ
(3)①オ・ク・コ・ス ②ア・ウ・サ

(4)①カ・コ　②ア・ウ・ク

**2** (1)イ・エ・オ・カ・ク・ケ・サ・シ　(2)イ・エ・キ　(3)イ・エ・カ・ク・サ

**3** (1)○　(2)○　(3)×　(4)×　(5)○　(6)×　(7)×　(8)○　(9)×　(10)×

**4** (1)イ　(2)ア　(3)ウ　(4)イ

**5** (1)走ら　(2)降りる　(3)集め　(4)来れ

**解説**

**1** (1) カ「また」は副詞であり、活用しない。ケ「来」は動詞「来る」の活用形。

(3) カ「ない」は、助動詞であることに注意する。

**2** 文節に区切ったとき、自立語の下にくるのが付属語であることを利用して考えるとよい。

**3** (4)「まさか」は副詞。
(5)「すてきな」は形容動詞。
(6) ここでの「ある」は連体詞。
(7) ここでの「ああ」は感動詞。
(10)「と」は助詞。

**4** 活用したとき、「咲いて」のように「イ」の音になるものをイ音便、「待って」のように「ッ」の音になるものを促音便、「読んで」のように「ン」の音になるものを撥音便という。

**5** (1)「ない」に続く形にする。
(2)「駅」という体言に続く形にする。

## STEP 3 得点アップ問題

本冊P.21

**1** (1)(自立語)夏休み・宿題・作文・出
(付属語)の・に・が・た
(2)ア　(3)(言い切りの形)困る　(音便の種類)ウ
(4)イ　(5)d
(6)新聞・読む・思う

**解説**

**1** (1)「出た」の「た」は過去を表す助動詞である。

(4) ——線④とイは、存在を表す動詞。ア・エは物事の様態を表す補助動詞、ウは連体詞。

(5) ——線⑤の「だいたい」とdは副詞。aは接続詞、bは形容詞、cは形容動詞。

(6)「読み」は動詞「読む」の、「思っ」は動詞「思う」の活用形である。

# 第1章 文法　5 用言の活用

## STEP 2 基本問題

本冊P.24

**1** (1)(活用形)連体形　(活用の種類)五段活用
(2)(活用形)仮定形　(活用の種類)下一段活用
(3)(活用形)未然形　(活用の種類)上一段活用
(4)(活用形)連用形　(活用の種類)カ行変格活用

**2** (1)(活用形)命令形　(終止形)眠る
(2)(活用形)連用形　(終止形)おいしい
(3)(活用形)未然形　(終止形)便利だ
(4)(活用形)仮定形　(終止形)よろしい
(5)(活用形)連用形　(終止形)立派だ

**3** (1)走る　(2)穏やかなら　(3)せ　(4)なかっ
(5)静かな　(6)不思議な　(7)おいしけれ

**4** (1)×　(2)×　(3)○　(4)○

**解説**

**1** 活用形はあとに続く言葉から判断する。活用の種類はカ行変格活用とサ行変格活用以外は「ない」を続けて未然形にするとどうなるかを考える。

**2** 終止形にする際、それぞれの品詞に気をつける。

**3** 品詞によって活用のしかたが変わる。動詞の場合はさらに五つの種類があるので、その中のどの活用の種類になるかを考える。

**4** (1)「練習する」は「〜する」という形なのでサ行変格活用。
(2)「飛ぶ」の未然形は「飛ば(ない)」である。

## STEP 3 得点アップ問題

本冊P.25

**1** (1)(活用形)未然形　(活用の種類)上一段活用
(2)(未然形)正直だろ　(仮定形)正直なら
(3)イ　(4)連体形

**2** (1)①カ　②エ　③ア　(2)エ

**解説**

**1** (1)「られる」に接続していることに着目する。「れる」「られる」に接続している場合、用言は未然形である。

(3)「困難で」は連用形である。形容動詞で活用語尾が「だっ」「で」「に」になるのは連用形であることを覚えておく。イは連体形。

**2** (1) ①は仮定形、②は連体形、③は終止形。

# 第1章 文法　6 付属語の種類

## STEP 2 基本問題

本冊P.28

**1** (1)Aウ　Bイ　Cエ　Dア
(2)Aウ　Bイ　Cア　(3)Aイ　Bア　Cウ　Dエ
(4)Aイ　Bア

**2** (1)Aウ　Bエ　Cイ　Dア　Eオ
(2)Aイ　Bア　Cウ　Dエ　(3)Aア　Bイ　Cウ

**解説**

1
(1) Aは「起きることができる」なので可能。Bは「自然と案じる」なので自発。Cは来賓が「いらっしゃる」であり、来賓への敬意があるので尊敬。Dは、ほめるということをされるので受け身。
(2) Cは「予測できるだろうか」なので推量。
(3) Cは「制服を着ている人」なので存続。

2
(1) Cの「に」は「〜するために」なので目的。Eは「〜によって（〜のせいで）」なので原因・理由。

## STEP 3 得点アップ問題

本冊P.29

1
(1)ウ　(2)イ　(3)エ　(4)ア　(5)エ　(6)ア

**解説**

1
(1) ①の「より」は「遠くの親戚」と「近くの他人」を比較している。アは限定、イは時間の起点、エは場所の起点を示す。「明日」と「今日」を比較しているウが正解。
(2) アは受け身、ウは自発、エは尊敬の助動詞「れる」である。②とイは、可能動詞の活用語尾。
(3) ③の「で」は断定の助動詞「だ」の連用形。アは形容動詞の活用語尾、イは格助詞、ウは接続助詞であり、エが正解。断定の助動詞「だ」が活用した形の「で」は、直前が名詞であり、「で」を「だ」に置き換えても文法的に不自然にならない。
(4) ④の「と」は言葉の意味を引用している。イは結果、ウは動作の共同、エは動作の相手を示す。引用の「と」は手前にかぎかっこ（「」）をつけることができ、これに当てはまるアが正解。
(5) ⑤は「買い物をするために出かける（買い物をしに行く）」なので目的。アは受け身の対象、イは原因・理由、ウは帰着点であり、「サッカー観戦をするために行く（サッカー観戦をしに行く）」となるエが正解。
(6) ⑥は主語を示す格助詞の「が」である。イは逆接の接続助詞、ウは軽い前置きの接続助詞、エは並立の接続助詞であり、アが主語を示す格助詞の「が」なので正解。

第1章 文法

# 7 文の係り受け・呼応の副詞

## STEP 2 基本問題

本冊P.32

1
(1)（例）私の目標は、次の大会で優勝することだ。
(2)（例）ぼくは、海に遊びに行くのが楽しみだ。
(3)（例）彼らは世界中の多くの人に応援されている。
(4)（例）この本を読んで、私も家族や友だちを大切にしたいと思った。
(5)母は駅に向かった弟を自転車で追いかけた。
(6)ぼくは、兄と公園で遊んでいる妹を呼びに行った。
(7)（例）次の電車に乗れば、約束の時間に間に合うだろう。
(8)（例）彼の言うことは、決して間違っていなかった。

2
(1)ウ　(2)イ　(3)ア　(4)オ　(5)エ

**解説**

1
係り受けを適切にすることで、文を適切な形にする。その際、文の意味を変えるのか変えないのかという点に注意する。

2
(1)は「たとえ」、(2)は「ぜひ」、(3)は「もし」、(4)は「おそらく」、(5)は「いかにも」が、それぞれ呼応の副詞。

## STEP 3 得点アップ問題

本冊P.33

1
(1)（例）相手より多くの得点を取ることだ。
(2)（例）ラリーが続いても
(3)A観客は、一生懸命競技に取り組む選手を応援する。　B選手を

**解説**

1
(1) 主語が「条件は」、述語が「条件だ」となっているので、主語に対する述語を適切にする。
(3) Bは「観客」が何に一生懸命であるかがわかりやすくなるように、「一生懸命」の位置を考える。

第1章 文法

# 8 敬語の種類と用法

## STEP 2 基本問題

本冊P.36

1
(1)拝借し・借りる　(2)差しあげ・やる（与える）
(3)ご報告し・報告する　(4)お持ちする・持つ
(5)申す・言う（話す）　(6)承る・聞く
(7)拝見し・見る
(8)いただき・もらう（食べる・飲む）

2
(1)美里さん・お母様・いらっしゃい
(2)召しあがれ　(3)ご覧になり
(4)ご愛用・くださっ　(5)お帰りになる
(6)おっしゃる　(7)貴社

3
(1)ウ　(2)イ　(3)ア

**解説**

1
(1) 「拝借し」は「拝借する」の連用形。「借りる」という動詞の謙譲語。

2
(4) 「くださる」は「くれる」の尊敬語。
(7) 「お電話する」は謙譲語であることに注意。

3 「いらっしゃる」には「行く・来る・いる」の三種類の意味がある。

## STEP 3 得点アップ問題

本冊P・37

1 (1)(例)「お母さん」は尊敬語で、外部の人に対しては謙譲語の「母」を用いるべきだから。
(2)エ
(3)(例)aは丁寧語の一部であるのに対して、bは尊敬語の一部である。
(4)②お届けすれば　③申して

2 (1)ア　(2)ウ　(3)イ

3 (1)私の役目は先生にご連絡することです。
(2)(例)校長先生が来られた。
(3)(例)この町には木がたくさんございます。

**解説**

1 (1)「お母さん」という呼び方自体が尊敬語である。
(3)「ご注文」は、相手の行為である「注文」に「ご」がついた形。したがって、「ご注文」は尊敬表現である。

2 ア〜ウの例文で、尊敬語を用いているのはウの「お聞きになり」、謙譲語を用いているのはイの「お持ちし」である。

3 (1)「連絡する」の場合には「ご連絡する」と「ご」がつく。
(2)尊敬の意味を表す助動詞「られる」を用いる。
(3)「ある」の丁寧語は「ございます」。

第2章　読解

# 1 文学的文章の読解Ⅰ

## STEP 2 基本問題

本冊P・39

1 (1)エ

2 (1)エ　(2)ア

**解説**

1 (1)「すすりあげすすりあげ泣き続けた」とあることから、冷静に言葉で説明できる心理状態ではなかったことがうかがえる。

2 (1) 設問文をよく読み、「ふさわしくないもの」を選ぶことに注意する。「肌着」を貴重品で作ったことや、「葉書」がおびただしい数であったことから、疎開する幼い娘を心配し、できるだけのことをしてあげようとしている両親の心情がうかがえる。エにあるように「腹立たしい気持ち」で仕方なくやっていたわけではない。
(2)「この日」とは、「妹が帰ってくる日」である。また、かぼちゃを「全部収穫」しても叱らなかったことから、幼い娘が帰宅する日をふだんとは違う特別な日と父が考えていたことがうかがえる。

## STEP 3 得点アップ問題

本冊P・40・41

1 (1)イ　(2)イ
(3)(例)テツオが山の取り決めをやぶり、イタドリをかくそうとしていることを知ったから。
(4)(例)テツオが山にこられなくなるのをさけたいという考え。(テツオがしたことを見なかったことにしておきたいという考え。)
(5)Aがまん　B大きなイタドリ(とったイタドリ)
(6)ウ　(7)エ

**解説**

1 (1) あとに「どうしてふたりきて、ひとり分しかもって帰れないのか分からなかった」とあることから、イタドリをたくさんとっても、みんなで分けあわなければならないことを不満に思っていることがわかる。
(2) 兄やんが丁寧に説明していることから、みんなが守ってきた取り決めをサチにも理解してもらおうとしている気持ちをとらえる。
(3) 直後に、テツオが「もっていた大きなイタドリを道ばたのくさむらの中にかくした」とある。この様子を察知して、兄やんは「悲しそうな目」をしたのである。
(4) あとに「見なかったことにしろ、サチ」とあることから、兄やんはテツオが山の取り決めに違反したことを内緒にしようと考えている。その理由として、兄やんの言葉に「こんなことがみんなに知れたら……ひとりじゃ山には入れんもの」とある。
(5) サチは自分自身が兄やんに言われた山の「取り決め」をきちんと守り、母親にこれが「自分のとったイタドリだ」と見せたい気持ちをがまんしているが、目の前でテツオが取り決めをやぶっているのを見て、許せなくなっている。
(6)「だって」に続いている「……」であることから、兄やんの言うことには納得できないが、兄やんがテツオをかばうために言っているのだと思うと反論できなくなっていることをとらえる。
(7) みんなが取り決めを守り、サチ自身もがまんしているのに、テツオが一人だけ違反していることに対して許せない気持ちをサチがもち続けていることを読み取る。

第2章 読解

# 2 説明的文章の読解Ⅰ

## STEP 2 基本問題 本冊P・43

1 (1)エ

2 (1)たとえば

3 (1)葉で作られた栄養分　(2)Aア　Bウ

**解説**

1 (1) □の直前までは、ほかの野菜のどの部分を食べているのかを述べていたが、直後ではダイコンに話題が転換している。

2 (1) □のあとでは、直前で述べていることの具体例を挙げている。

3 (1) 直前の一文に着目する。九字とあるので、「栄養分」だけでは誤り。

(2) 直前の「ダイコンの辛み成分は……仕組みになっています」は、直後の「たくさんの細胞が……増すことになります」の理由になっている。

## STEP 3 得点アップ問題 本冊P・44・45

1 (1)ウ　(2)大量に安く作る技術・低い技術

(3)(例)いまもカットグラスを作って暮らしている人たち。(23字)　(4)C

2 (1)ウ　(2)ウ

(3)六・三キロメートル・ぜったいに水の漏れない

**解説**

1 (1) 「この業界の人たち」の技術の例として、「単純な矢来や格子の模様のコップを、手早く彫る技術」を挙げている。

(2) ——線②の直前「その、大量に安く作る技術を、低い技術といえるのか」が、指示語が直接指す内容。この部分の「その」が指している内容をふまえて解く。

(3) ——線③の直前に、「いまも東京には約五十社、五百人ほどの人がカットグラスを作って暮らしている」とあるのをおさえ、この内容をまとめる。

(4) 問題となっている文の「それ」が指す内容が、「産業として江戸切子は残った」理由となっている部分に入る。(C)の前に書かれている「江戸庶民に広まるためには……技術が必要だった」をおさえる。

2 (1) ——線①の直前「そのために」に着目。この指示語が指している「宇宙は真空なので……生きられない」の内容をまとめたものが解答。

(2) ②は、「漏水用トイ」は海水を外に流すものなのに、微生物がこびりついてしまうと、水の流れが悪くなるという、逆のつながりになっている。③は、トイに微生物がこびりつき、水の流れが悪くなることの対策としてファスナーをつける工夫をしているという、順当な内容が書かれている。

(3) ——線④の直前「トンネルの壁に……長さになる」の内容をおさえる。

第2章 読解

# 3 詩の読解

## STEP 2 基本問題 本冊P・47

1 (1)①ウ　③エ

(2)見たのだ

(3)乗客たち

(4)虹の足・幸福

**解説**

1 (1)① 「〜よう」「〜みたい」などの表現を用いてたとえるのが「直喩」であり、「〜よう」「〜みたい」などを用いずに、ある物事と別の物事を直接結びつけてたとえるのが「隠喩」である。

(2) 二行前の「山路を登るバスの中で見たのだ、虹の足を」に着目し、「虹の足」を「見た」という情景をとらえる。なお、この「山路を……虹の足を」の部分には、通常とは語順を逆にする「倒置法」が用いられている。

(3) 「他人には見えて」に着目する。三行前に「バスの中の僕らには見えて」とあるが、その「バスの中の僕ら」を意味する「乗客たち」という表現をとらえる。

(4) 作者は、「他人には見えて／自分には見えない幸福」を「虹の足」になぞらえている。自分が「虹の中」にいること、つまり「幸福」であることも、自分では気づかないと言っているのである。

## STEP 3 得点アップ問題 本冊P・48・49

1 (1)口語自由詩　(2)広島・原爆

(3)オ　(4)エ　(5)イ

(6)A生と死のきわどい淵　B焼けただれた顔

(7)ア　(8)ウ

**解説**

1 (3) 「もの」は体言(名詞)である。文の末尾を体言で結ぶ表現技法を体言止めという。

(4)(5) 「向き合った互の顔」が「戦火の跡もとどめぬ」顔であると書かれていることから、戦争の記憶が薄らいでいるすべての人を指して「友」と呼んでいることをとらえる。

(6)A 「りつぜん」とは、恐ろしさでぞっとするということ。作者が危機感を抱いているのは、直後の連における「原爆を数百個所持して」いる状況であり、このことを指して「生と死のきわどい淵」と呼んでいるのである。

B「りつぜんとする」のは、「明日の表情をさがすとき」である。かつて広島に原子爆弾が投下されたように、将来核兵器が再び使用されるようなことがあれば、「すこやかな」顔や「すがすがしい」顔をも「焼けただれた顔」へと化してしまうであろう、と作者は危惧している。

(7) 午前八時一五分は、広島に原子爆弾が投下された時刻である。日々、平和に暮らしているようであっても、地球上に核兵器があることを考えれば、被爆した広島の悲劇が再び繰り返される可能性は毎日あるのだ、と作者は訴えている。

(8)「あなたの如く　私の如く」と「やすらかに美しく」に着目する。現在も核兵器が存在する事実を直視せずに日々を過ごしていることを「油断」と表現している。

第2章 読解

# 4 文学的文章の読解Ⅱ

## STEP 2 基本問題

本冊P.51

1 (1)(例)・無鉄砲・負けず嫌い　(2)ウ

2 (1)(例)幼い頃から見守ってきた「坊っちゃん」との、永遠の別れになるかもしれないと感じている。

**解説**

1 (1) 本文一行目「親譲りの無鉄砲」や、「弱虫」とはやしたてられ二階から飛び降りたことなどから考える。

(2) ――線部の直後に「二階ぐらいから飛び降りて腰を抜かすやつがあるか、と言った」とある。

2「清」が「もうお別れになるかもしれません」と言っていることから、永遠の別れになるかもしれないと思い、いつまでも立ち去れないでいることがわかる。

## STEP 3 得点アップ問題

本冊P.52・53

1 (1)Aウ　B単純(な男)

C(例)妹の結婚式に向け、買い物をするため。

(例)竹馬の友セリヌンティウスに会うため。

(2)エ

(3)(例)悪心を抱く者と疑われると、王に殺されてしまうから。

(4)人を信ずることができぬ(から。)

(5)イ　(6)ウ

**解説**

1 (1) A・B メロスの性格については、「邪悪に対しては、人一倍に敏感」「のんき」「単純な男」といった言葉で表されている。

C シラクスの町に到着してから、町の異変に気づき、老爺から王の暴虐ぶりについて聞いたのであり、はじめから王に抗議することが目的だったわけではないことに注意する。

(2)「町全体が、やけに寂しい」や、メロスが若い衆に言った「二年前にこの町に……あったはずだが」に着目する。

(3) 王が人を殺す理由を、老爺は「悪心を抱いている」と疑っていると言っている。そのような疑いをもたれると自分が殺されてしまうので、若い衆は答えたくないのである。

(4) 王は、人を誰も信じられなくなっているために、誰しもが悪心を抱いているのではないかと疑念を抱いている。

(5) 王が人を殺すということを老爺から聞いただけで、事実を確かめることもなく直接王城に出向いたことから考える。

(6) ア…メロスは、妹の結婚式の準備と、旧友との再会を目的に、シラクスを訪れた。　イ…結婚する予定なのはメロスの妹。　エ…メロスはシラクスに着くとまず買い物をしている。

第2章 読解

# 5 説明的文章の読解Ⅱ

## STEP 2 基本問題

本冊P.55

1 (1)地球

(2)(例)地球には、生物の命を育む環境がみごとに整っている。

2 (1)(例)火星は非常に寒いので水は氷として地下に眠っているが、私たちが火星に移り住む可能性を広げるため、地下の氷を溶かして海や川をつくるための研究が、現在進められている。

3 (1)したがって、月は人間が生きていける環境の条件を満たしていません。

**解説**

1 (1) 文章の中で、何が話題になっているのかをとらえる。「命の星」「緑の惑星」「奇跡の星」はいずれも「地球」のことである。この段落における話題が「地球」であることを読み取る。

(2) 話題である「地球」について、どういうことが述べられているのかをつかむ。ここでは、最初の一文が中心文となっている。

2 (1) ここでの話題は「火星」であり、それについて筆者がどういうことを述べているのかをとらえ、まとめる。

3 (1) 中心文とは、その段落の内容をまとめた一文のことである。この文章を通じて、筆者が最も言いたいことを述べた一文を探す。この文章では、「したがって」のあとに筆者が言いたいことがまとめられている。

## STEP 3 得点アップ問題

本冊P.56・57

1 (1)モアイ　(2)人間の顔を彫った巨大な石像

(3)(例)絶海の孤島の巨像を作った人。

(4) ②エ　③ア

**2**

(1) A人口爆発　B食料不足　C資源の不足
(2) 文明を守る生命線
(3) (例) 今あるこの有限の資源をできるだけ効率よく、長期にわたって利用する方策を考える（こと。）
(4) ウ

**解説**

**1**

(1) 何度も出てくる「モアイ」という言葉に着目する。

(2) ①段落に「モアイ」について書かれているので、字数に合う言葉を探す。

(3) 指示内容は、指示語の前にあることが多い。「西方から島伝いにやって来たポリネシア人」が、「絶海の孤島の巨像を作った」と述べている。

(4) 説明的文章を読むときには、段落ごとに何が書かれているか（要点）を考えながら読むとよい。大事な部分に印をつけながら読むとわかりやすい。

**2**

(2) 「地球そのものが、森によって支えられている」という本文七行目の表現に着目する。

(3) 「それ」が指す内容は直前の一文である。「それ」に置き換えて文脈が通じるように答える。

(4) ア…日本の国土についての数値。イ…イースター島の人口増加は、百年に二倍。半世紀に約二倍であったのは、一九五〇年以降の地球の人口である。ウ…二〇三〇年には人口が八十億人を超えるとされ、八十億人を超えると食料や資源の不足が恒常化するとある。エ…本文では「革命的な技術革新がないかぎり」と述べられている。

第2章　読解

# 6 短歌・俳句の読解

## STEP 2 基本問題　本冊P.59

**1**

(1) (上の句) くれなゐの二尺伸びたる薔薇の芽の
(下の句) 針やはらかに春雨のふる
(2) 針やはらかに　(3) オ

**2**

(1) A (季語) 椿 (季節) 春
B (季語) 露 (季節) 秋
(2) Aエ　Bイ　(3) Aけり　Bや　(4) エ

**解説**

**1**

(1) 初めの「五・七・五」を上の句、末尾の「七・七」を下の句という。

(2) 短歌を構成する五・七・五・七・七を、順に初句・二句・三句・四句・結句という。

(3) この短歌は、意味や調子のうえで最後まで切れる部分がないので「句切れなし」である。

**2**

(1) 季語は俳句に原則として一つ詠み込まれる。

(2)(3) Aは「けり」、Bは「や」が用いられている。Aは、末尾（結句）に用いられているため、句切れなし。

(4) 十八音以上になる場合を「字余り」、十六音以下になる場合を「字足らず」という。初句「赤い椿」は六音。したがって、字余りである。

## STEP 3 得点アップ問題　本冊P.60・61

**1**

(1) A　(2) D　(3) ア　(4) ①二　②ウ
(5) エ　(6) イ　(7) ウ

**2**

(1) イ・エ　(2) ア　(3) ウ　(4) エ

**解説**

**1**

(1) 「かなしからずや（かなしくはないのだろうか）」で意味が切れる。

(2) 末尾を体言（名詞）で結ぶ技法を体言止めという。Dの「へこみ」は体言（名詞）である。

(3) A・B・Cは短歌の定型の三十一音によって成るが、Dは字余り。

(4) ① 詠嘆を表す「かな・や・けり」には、作者の感動の中心が表れていることが多い。
② 「染まずただよふ」の意味をとらえる。白鳥が真っ青な空や、青い海を背景に漂っているにもかかわらず、青色に染まることなく白いままであることを指してこのように歌っているのである。これを人に置き換えると、周囲の人間に流されることなく、自分自身の考えによって生きるさまを表していると考えられる。

(5) 「蜜柑」と「冬がまた来る」との関わりに着目。冬の果物である蜜柑がどの家庭にも見られる季節になり、子どもが蜜柑を食べてから外出したのだと想像できる。子どもとすれちがったとき、ふと蜜柑の香りを感じ取った作者が、香りから冬の訪れを意識した、という心情を表現した短歌である。

(6) 「明日ひらくべし」の意味を正確にとらえる。「明日ひらくに違いない」という意味である。このことを「信ぜん」（＝信じよう）と歌っていることから考える。

(7) 「思い出の一つ」という言葉に着目する。すでに「思い出」となりつつあること、「一つ」とあることから、思い出は複数あることをとらえる。

**2**

(1) Aの「や」、Bの「かな」、Cの「や」は、いずれも切れ字である。また、Aの「蛙」、Bの「桜」、Cの「春風」は、いずれも春の季語である。

(2) 「水のおと」を描いているが、水の音を意識するほどに周囲が静かであることを間接的に描いた句である。

(3) 「ゆさゆさ」や「ゆるる」という表現から、はかなく散る桜の姿ではなく、大きく枝を広げてそびえ立つ、たくましい桜の様子をとらえる。

(4) 「いだきて」は、「いだいて」の意。闘志をいだいて丘に立つ、という場面を描いており、作者の意気込みや気迫が感じられる句である。

第2章 読解

# 7 文学的文章の読解Ⅲ

## STEP 2 基本問題 本冊P・63

1 (1)イ (2)ウ

2 (1)(例)重い病気にかかっているのではないかと聞くのがはばかられたから。

**解説**

1 (1) 「大樹」が昔のように立っているかどうか、確かめたくて仕方ない「千穂」の様子が書かれている場面である。気持ちを表す言葉をおさえながら、心情の変化を読み取る。

2 (1) 設問文に「本文中の言葉を使って」とあることに注意する。――線部の直前に「さすがにそれははばかられ」とある。「それ」は、「先生は重い病気に……儀式なのですね」と聞くことである。

(2) ルロイ修道士の様子を見て、主人公はルロイ修道士が病気にかかっているのではないかと心配しながらも、直接尋ねられず、もどかしく感じている場面である。

## STEP 3 得点アップ問題 本冊P・64・65

1 (1)親の命乞い (2)Aア Bエ

(3)(例)なんとか願書を受け取ってもらいたいと必死な気持ち。

2 (1)文明の急速度の進展

(2)(例)清澄な自然と素朴な人間性に触れての感動を作品のモティーフにしたり、随筆に書いたりすること。

(3)(はじめ)なぜなら、(終わり)らである。

(4)根源的な生の意義を感じ取る(こと。)

**解説**

1 (1) 父親の命を助けてもらうために、「いち」たちは奉行所に直訴しに来たのである。

(2) 「いち」は、自分たち子供が奉行所に願書を出しても受け取ってもらえないことを予測していた。そこで、奉行所の役人に直接願書を渡すため、わざと小さな騒ぎになるようにしたのである。

(3) やっと奉行所の人に願書を渡す機会を得られたのだから、なんとしてでも願書を受け取ってもらいたいと必死になっているのである。

2 (1) 世の中が急激に変化していることを意味している表現である。次の段落のはじめに「文明の急速度の進展」とある。

(2) 筆者が歩んでいると思う道を答える。その内容は最初の一文に書かれているので、そこをまとめる。

(3) 次の段落が「なぜなら、～」と理由を表す形ではじまっていることに着目する。

(4) 筆者は謙虚に自然と風景を見つめて、〝根源的な生の意義を感じ取ってほしい〟と述べている。

第2章 読解

# 8 説明的文章の読解Ⅲ

## STEP 2 基本問題 本冊P・67

1 (1)ア

(2)A仲間 B社会 C働く

D他者からのアテンション

E他者へのアテンション (D・Eは順不同)

**解説**

1 (1) ア…最後の段落の内容と一致する。イ…ねぎらいのまなざしを向けることで報酬が得られるわけではないので、誤り。ウ…第三段落において、社会における人間関係は、友情・恋人・家族といった人間関係とは異なると述べられているので、誤り。エ…アテンションを抜きにして働くことの意味はありえない、と筆者は述べているが、アテンションを得ることだけが目的である、とは述べていないので、誤り。

(2) どの段落にどのような内容が書かれているかをおさえ、重要な部分を正確にとらえる。

## STEP 3 得点アップ問題 本冊P・68・69

1 (1)(例)生きるということ(について)。

(2)肉体

(3)(例)生きるということは、与えられた生命を必死で戦って生きることだから。

(例)人間は重い重い宿命をはね返し、はね返し、生きているから。

(4)イ

2 (1)(はじめ)独力では生(終わり)ということ

(2)訴えや呼びかけに応じ合うという、協同の感覚

(3)イ

**解説**

1 (1) キーワード(繰り返し出てくる言葉や言い換え表現)に注意して話題をとらえる。

(2) 「心(＝精神)」と「体(＝肉体)」は、対になる言葉。

(3) ――線②直前に「そう考えてみますと」とあるので、指示語「そう」の内容を明らかにすればよい。「そう」は直前の段落の内容を指しているので、ここをまとめる。

(4) 第三段落には、筆者が人生をどう受けとめているかが書かれている。「どんな生き方をしたということはせっかちに問うべきでは」なく、「いまはただ……自分を認めてやろう」という内容は、イと合致する。

**2**

(1) 「自立」について述べられている第一段落から、筆者の考える「自立」を、字数に合う形で抜き出す。六行目に、「それが、『自立』の本当の意味なのです」とあることに着目し、指示語の「それ」の指す内容をとらえる。なお、解答となる部分が、「困難を一人で抱え込まないでいられること」と言い換えられることにも注意する。

(2) 第二段落には、英語と日本語のそれぞれにおける「責任」の意味やとらえ方が述べられているが、それらも踏まえて、筆者が「責任」をどのようなものだと考えているのかを読み取る。最後の二文に、筆者の考える「責任」がまとめられているので、そこから、前後がつながるように字数に合う形で抜き出す。

(3) ア…本文には「支える側に回る用意」が必要であることは述べられているが、あくまで「支え合い」なので、「常に人を支える側にいて」は誤り。「真っ先に助けようと」も本文からは読み取れない。イ…「相互扶助」とはお互いに助け合うことであり、本文の内容に合っている。ウ…本文には「受け身のイメージがつきまとう」とあるが、そのイメージがあること自体が誤りであるとは述べられていない。エ…相手を助けるのは、助けられたことへの「御礼」やお返しというわけではないので誤り。

## 第3章 古典 1 歴史的仮名遣い

### STEP 2 基本問題

本冊P.71

**1** ウ・オ・カ

**2** かじ・きょう・よろず

**3** (1)①おもう ②いずるように (2)びゃくぞう (3)ウ (4)へ→え

**解説**

**1** 正しくは、ア「におい」、イ「ひたい」、エ「いなか」。

**2** 「くわ」は「か」、「けふ」は「きょう」、「づ」は「ず」に直す。

**3** (1) ①は「ふ」を「う」にし、②は「づ」を「ず」、「やう」を「よう」にする。

(2) 「ゃ」「ゅ」「ょ」「っ」などは、古文では「や」「ゆ」「よ」「つ」と表記される。

(3) 「やう」は「よう」にし、「おはし」の「は」は語頭や助詞ではないので、「わ」にする。

**現代語訳**

九月二十日のことであるので夜も長い。「今か、今か。」と待っていると、「夜中も過ぎてしまったのだろう。」と思う頃に、東の山の峰より月が出てくるように見えて、峰の嵐も激しい時に、この僧坊の内は、光が差し込んだように、明るくなった。見ると、普賢菩薩が、白象に乗って、しずしずといらっしゃり、(二人が)いる僧坊の前にお立ちになっている。

### STEP 3 得点アップ問題

本冊P.72・73

**1** (1)こよい (2)イ (3)ア

**2** (1)①うけたまわりて ②なん ③いいつたえたる (2)④と ⑤を (3)イ

**3** (1)①ならん ②よそおい ③いわく ④のぼるべきようなし (2)(記号)ア (現代仮名遣い)おもいて (3)b (4)蓬莱の山 (5)ウ

**解説**

**1** (3) 古文では、助詞が省略されることが多い。ここでは、「普賢菩薩」が現れたので、主語を作る「が」が適切。

**2** (2)④ 「並べて」に着目する。並立を示す表現であることがわかる。

**3** (1)③「は」を「わ」にする。④「やう」を「よう」にする。

(2) 助詞や語の頭にある「は・ひ・ふ・へ・ほ」は、そのまま読む。

(3) a・c・dは「私(=くらもちの皇子)」、bは「天人のよそほひしたる女」の行為である。

(4) 「これは、蓬莱の山なり」という、「天人のよそほひしたる女」が言った言葉から考える。

## 第3章 古典 2 係り結び

### STEP 2 基本問題

本冊P.75

**1** ウ・エ・カ・ケ

**2** (1)イ (2)ア

**3** (1)○ (2)× (3)○ (4)× (5)○ (6)○ (7)× (8)× (9)×

**解説**

**1** 係助詞「ぞ・なむ・や・か」は、結びは連体形、「こそ」は已然形になる。

2

(1) 「本意」は「ほい」と読む。「こそ…なれ」の部分は強意の意味を示す係り結びである。

(2) 直後に「ふじの山と名づけた」という結果があることに着目する。

3

(2) 係助詞「なむ」に対しては連体形を用いる。「けり」は終止形なので誤り。

(5) 係助詞「や」に対しては連体形が用いられているので、正しい。

(9) 係助詞「か」に対しては連体形を用いる。「近し」は終止形である。

## STEP 3 得点アップ問題 本冊P.76・77

1

(1) A Xb Y已然形 Bこそ Cア

(2) イ (3) Aぞ Bア C連体形 Dア

2

(1) ①思いたちて ②かたえ ③あいて ④思いつる ⑤おわし

(2) ⑥けれ ⑨ける

(3) Aか Bイ Cけん D (例) 何事かあったのだろうか

(4) 已然形

(5) エ

**解説**

1

(1) B 「けれ」は、強意を表す係助詞「こそ」の影響を受けている。

(2) 「をりふし北風激しくて、磯打つ波も高かりけり」に着目する。

(3) D 直訳すると「晴れがましいことではないということはない」、つまり、「晴れがましくなかろうはずがない」という二重否定の用法である。「みなが晴れがましくない」の反対なので、「みなが晴れがましい」という意味になる。

**現代語訳**

矢を射るには少し遠かったため、(与一は馬を) 海へ一段ばかり乗り入れたが、それでもまだ扇とのあいだは七段ほどあるだろうと見えた。時は二月十八日の、午後六時頃で、折りしも北風が激しく、磯に打ち寄せる波も高かった。舟は上下に揺れながら漂い、扇も竿 (の先) に定まらずひらひらとしている。沖では平家が、舟を (海上) 一面に並べて見物している。陸では源氏が、馬のくつわを連ねてこれを見守っている。どの者たちも晴れがましくなかろうはずがない。

2

(2) ⑥ 係助詞「こそ」の影響を受け、已然形で結ばれている。

⑨ 係助詞「ぞ」の影響を受け、連体形で結ばれている。

(3) B 係助詞「か」は、疑問・反語の意味をもつため、どちらの意味になるかは文脈から判断する必要がある。「仁和寺にある法師」が、「参っていた人々が山へ登っていた」ことを不思議に思っていた様子から考える。

(5) 「石清水八幡宮は山の上にある」という情報を「仁和寺にある法師」に教える人がいなかったために、最後まで思い違いをしたままであったというエピソードから、何事についても先導者からのアドバイスが必要であると説いている。

**現代語訳**

仁和寺にいる法師が、高齢になるまで石清水を参拝しなかったので、残念なことに思われて、あるとき思い立って、ただ一人で、徒歩で参詣した。極楽寺や高良神社などを拝んで、これだけのものと思い込んで帰った。さて、(後日) 仲間に会って、「長年思い続けてきたことを、果たしました。うわさに聞いたのよりもまさって、尊いものでいらした。それにしても、参っていた人々が山へ登っていたのは、何事かあったのだろうか、知りたかったけれど、神へ参ることが本来の目的であったのだからと思って、山までは見なかった。」と言った。ほんの少しのことであっても、その道の先導者はあってほしいものだ。

# 第3章 古典 3 和歌の読み方・古語の意味

## STEP 2 基本問題 本冊P.79

1 (1)オ (2)イ (3)ウ (4)ア (5)エ (6)カ

2 (1)ア (2)カ (3)イ (4)ウ (5)オ (6)エ (7)キ

3 (1)白たへの (2)ア (3)エ

**解説**

1

(6) 「からころも」は、「着る・裁つ・袖・裾」などを導く枕詞。

2

(3) 「うつくし」は、現代語の「美しい」という意味ではないことに注意する。

(5) 「あやし」は、「不思議だ。身分が低い。」という意味。

3

(1) 「白たへの」は「衣」を導く枕詞である。代表的な枕詞は暗記しておこう。

(3) 「しばし」とは、少しの間という意味。

## STEP 3 得点アップ問題 本冊P.80・81

1 (1)旅人 (2)イ (3)ウ (4)掛詞 (5)イ

2 (1)ウ (2)ア (3)イ (4)つはもの (5)ウ

**解説**

1

(2) 現代語の「故人」は亡くなった人のことを指すが、「古人」は昔の人という意味である。

(4) 一つの言葉に二つ以上の違う意味をもたせる表現技法を「掛詞」という。

(5) 質素な暮らしをしていた自分とは異なり、新たに住み始めた一家には女の子がいるのであろう、雛人形が飾ってある、という意味の句。

**現代語訳**

月日は永遠に旅を続ける旅人のようなものであり、過ぎ去っては新しくやって来る年もまた旅人に似ている。一生を舟の上で暮らす船頭や、馬のくつわを取って老年を迎える馬子などは、毎日毎日が旅であって、旅そのものを自分のすみかとしている。（風雅の道に生涯をささげた）昔の人々の中にも、旅の途中で死んだ人が多い。私もいつの頃からか、ちぎれ雲のように風に誘われて、あてのない旅に出たい気持ちが動いてやまず、（近年はあちこちの）海岸をさすらい歩き、去年の秋、隅田川のほとりのあばらやに（帰り）、蜘蛛の古巣を払って（住んでいるうちに）、しだいに年も暮れ、新春ともなると、霞の立ちこめる空の下で白河の関を越えたいものだと、そぞろ神が乗り移ってただもうそわそわとさせられ、道祖神が招いているようで、何も手につかないほどに落ち着かず、股引の破れたところを繕い、道中笠のひもを付け替え、三里に灸を据える（など旅の支度にかかる）ともう、松島の月（の美しさはと、そんなこと）がまず気になって、今まで住んでいた庵は人に譲り、杉風の別荘に移ったのだが、

草の戸も住み替はる代ぞ雛の家

（元の草庵にも、新しい住人が越してきて、私の住んでいた頃のわびしさとはうって変わり、華やかに雛人形などを飾っている。）

面八句を、（門出の記念に）庵の柱に掛けておいた。

（光村図書　国語３より）

2

(1) 三代続いた栄華は長いようであるが、今となってはほんのひと眠りするわずかな時間のことであったかのようにはかない、という意味。

(3) 「一時の」は、ほんの一時のこと・わずかの間で、の意。

(5) 詠み込まれている俳句は、主に芭蕉と弟子の曾良の句である。

**現代語訳**

藤原三代の栄華はひと眠りする間の夢のようにはかなく消え果て、南大門の跡は一里ほども手前にある。秀衡の居館があった跡は田や野原になってしまい、金鶏山だけが形を残している。まず第一に（源義経の居館の跡である）高館に登れば、北上川が（見えるがこれは）南部地方から流れてくる大河である。衣川は、和泉が城のまわりを回って、高館の下で合流している。泰衡たちの屋敷の跡は、衣が関を隔てて南部地方への出入り口を固め、蝦夷（の侵入）を防ぐように見える。それにしても（義経が）忠義の臣をえりすぐってこの城にたてこもり、功名を立てたがそれも一時のことでその跡はただの草むらとなってしまっている。「国破れて山河あり、城春にして草青みたり」と（思いだし）笠を敷いて（その上に座り）、いつまでも涙を落としたことです。

夏草や兵どもが夢の跡

（今は夏草が生い茂っているだけだが、かつては武士たちが栄華を夢見たところである。）

第3章　古典

# 4 訓点と書き下し文

## STEP 2 基本問題　本冊P.83

1 (1) 不レ可ベカラレ入ル。　(2) 思フ二故郷ヲ一。

2 (1) 莫キ二能ク陥スモノ一也ト。
(2) 物に於いて陥さざる無きなりと。
(3) A 其ノ人弗ルレ能ハレ応フル也。　B イ

**解説**

1 (1) 書き下し文と訓読文を見くらべてみると、下から順に、上に返って読むとわかる。

2 (1) 二字以上を隔てて返るときは、一・二点を用いる。

(3) A 「弗 能 応」の部分は、「応→能→弗」の順に読む必要があるため、「弗」と「能」にそれぞれレ点をつければよい。

B 「能」は、可能を表す字である。よって、「弗」などの否定を表す語とともに用いると、「あたはざる」と読み、「〜できない」という意味になる。

## STEP 3 得点アップ問題　本冊P.84・85

1 (1) 請ふ、戦ひを以て喩へん。
(2) 棄テレ甲ヲ曳キテレ兵ヲ而走グ
(3) ウ　(4) エ

2 (1) 春眠不レ覚エレ暁ヲ
(2) 処処啼鳥を聞く
(3) ア　(4) ウ

3 (1) 江は碧にして鳥は逾よ白く
(2) 山ハ青クシテ花ハ欲スレ然エント
(3) ア

**解説**

1 (1) 「以」にレ点がついているため、この字は飛ばして読み、直後の「戦」を読んでから一字返って読む。

(2) 「而」は置き字と呼ばれ、文法的な働きはするものの、書き下し文では表記されない。

(3)(4) 故事成語の「五十歩百歩」のもとになったエピソードである。孟子が王に問いかけ、王がそれに対して答えている。五十歩逃げた者も百歩逃げた者も、逃げたことには変わりがなく、何歩逃げたのかは問題ではないということを、孟子は王に気づかせるためにこのような話をしたのである。

2

(1)「暁」→「覚」→「不」の順に読む必要があるため、「不」と「覚」にレ点をつければよい。

(3) 書き下し文にするとき、原文の漢字の順序を入れ替える必要がなければレ点や一・二点は不要である。イのように、二点が一点のあとにあるのは誤り。

(4)「暁を覚えず」とは、夜が明けたことに気づかないほどよく眠っていることを表す。また、鳥や風雨など自然の様子に思いをはせていることからも、あわただしい世の中から身を引いて、悠然と暮らしている作者の様子がうかがわれる。

3

(2)「欲」と「然」の順序を入れ替えて読む必要があることから、「欲」にレ点をつければよい。

(3) 漢字の順序を入れ替えて読む必要がない場合は、返り点をつける必要がない。また、送り仮名は漢字の右下に、レ点や一・二点は漢字の左下に書くのがルールであることも覚えておこう。

第3章 古典

# 5 漢詩の形式とルール

## STEP 2 基本問題

本冊P.87

1 イ・エ・カ・ク

2 (1)楼・州・流 (2)煙花三月揚州に下る (3)イ
(4)(第二句)承句 (第三句)転句 (第四句)結句
(5)エ

解説

1 ア…漢詩はその形式によって押韻の原則が定められており、詩人がすべてを自由に決められるわけではない。ウ…発音が同種であればよく、全く同じ発音である必要はない。オ…対句とは組になる句を対応させて表現することであり、内容が反対であるとは限らない。キ…律詩では対句は三句と四句、五句と六句と定められているが、さらにこれ以外の句が対句になっていてもよい。

2

(1) 七言詩は第一句と偶数句末を同じ響きの音でそろえる。

(2) 一・二点は二字以上を隔てて返る場合に用いられる。二点がつけられた漢字(ここでは「下」)はまず飛ばして読み、一点がつけられた漢字(ここでは「州」)の次に二点に返って読む。

(3)「黄鶴楼」の三字を連続して読んだのち、「辞」に返って読む必要があるため、レ点ではなく一・二点を用いる。

(4) 絶句の構成は「起承転結」である。

(5) 李白は親友である孟浩然が去っていく舟の帆が地平線のかなたへと消えていくのを眺め、あとには長江がただ流れていた、という転句・結句の意味をとらえよう。帆が見えなくなってもなお、舟の浮かんでいない長江を眺めている李白の心境は、決して明るいばかりのものではないはずである。

現代語訳

2 旧友が西方にある黄鶴楼を離れ、春がすみのたつ三月に、揚州に下って行く。(川に浮かぶ)舟の帆が(遠ざかり)青空の彼方へ消え、ただ長江が天の際まで流れている。

## STEP 3 得点アップ問題

本冊P.88・89

1 (1)ア
(2)A而
B学びて時に之を習ふ、亦説ばしからずや。
Cウ
(3)A人不レ知ラシテ而不レ慍ミ　Bウ
(4)イ

2 (1)七言絶句 (2)塵・新・人 (3)ウ
(4)渭城の朝雨軽塵を浥し (5)ア
(6)A西ノカタ出ヅレバ二陽関一ヲ無カラン二故人一
Bエ

解説

1 (1) 漢文や漢詩における「子」は、日本語の「子」とは異なり、(尊敬の意味を込めた)二人称を表す。

(2) A 「而」は文法的な働きをするものの、書き下し文では表記されない。このような字のことを置き字という。

B レ点は直前の一字に返る場合に用い、一・二点は二字以上を隔てて返る場合に用いる。

C ここでの「習ふ」とは、日本語の「教わる」という意味とは異なり、「ことあるごとに復習する」という意味である。

(3) A 「不・知」と「不・慍」の順序を入れ替えて読む必要があるため、それぞれレ点を用いる。

B 「慍む」の意味に注意する。日本語の「恨む」と読みは同じであるが意味は異なり、「不平や不満を抱く」という意味である。

(4) 古代中国での教育とは、書籍などを用いる現代のような講義とは異なり、師とあがめる人物から教えを請うことを指す。よって、「学ぶ」とは師の言説を聞く貴重な機会であった。また、「君子」とは教養・人格ともに優れた人物のことを指し、孔子は君子たるべき者のあるべき姿について説いているのである。これらのことは「論語」を読むにあたっての基本的な知識として覚えておこう。

## 現代語訳

**1** 先生がおっしゃるには、「学問をして機会のあるごとに復習する、なんともうれしいことではないか。友人が遠方から来てくれるのは、本当に楽しいことではないか。人が自分を認めてくれなくても不満を抱かない、それこそ徳の高い人格者といえるではないか。」と。

**2**

(1) 四句から成る漢詩を絶句、一句が七字から成る漢詩を七言詩という。

(2) 七言詩は第一句と偶数句末を同じ響きの音でそろえる。

(3) 誰が誰のことを見送っているのかを整理しよう。見送っているのは作者である王維自身である。王維は官僚を務めた人物であったが、この詩では部下を朝廷の使いとして遠く離れた安西へと送り出すにあたり、最後に酒をくみ交わしているのである。

(4) 一・二点は二字以上を隔てて返る場合に用いる。ここでは、「塵」に一点がついていることから、「軽」と「塵」は続けて読み、のちに「浥」へ返ることになる。

(5) 結句にて、転句で酒を勧めている理由にあたる内容が述べられている。はるか遠い安西へと旅立つ部下は、恐らく旅先で酒をくみ交わすような親しい間柄の人物がいないであろうからと、出発する前にさらに酒を勧めているという場面である。

(6) A 「陽・関」と「故・人」をそれぞれ続けて読むことになるので、二字以上を隔てて返る場合に用いる一・二点をつける。

B 「故人」は日本語の「亡くなった人」とは意味が異なり、親しい友人のことを指す。

# 入試問題にチャレンジ1

本冊P.90〜93

**1** (1)届 (2)装置 (3)承

**2** (1)にぎ (2)ひじゅん (3)きんこう

**3** (1)ウ

(2)a退屈な歌だ b のびのびと楽しそうに cエ

(3)イ (4)a余生 b (例)悩みながら(五字)

c勇気

**4** (1)エ (2)ア (3)木下(さん)

(4)(例)参照物体に正面がある場合。

**5** (1)いらえ

(2)日のいで入る所は見ゆ。洛陽はまだ見ず。(十九字)

(3)オ

## 解説

**3**

(1) □の直前〜一行前「声に出しそうになって」に着目する。「言葉を飲み込む」とは、今にも言い出そうとしている言葉を止めるときの表現。

(2) 千夏が校歌を歌う様子を早希がどう見ているかは、「何もいえずに立っていると……」で始まる段落に書かれている。「退屈な歌だ」と思っていたのが、千夏が歌う様子を見るにつれ、「案外いい」と感じたのである。御木元玲に声をかけられた時の早希の気持ちは、「べ、と私は口籠もった」で始まる段落に表れている。口籠もってしまうほどに、ぎこちない様子だったことを読み取る。

(3) ――線②の六行前〜三行あとの内容に着目する。「あとは自分でなんとか――」と千夏は言いかけていた。この発言に興味をもった早希が、千夏の言葉を遮って質問したのである。

(4) ――線①以降の部分で早希の気持ちの変化が読み取れる。自分の高校生活を「余生」と考えてきた早希に対して、悩みながらも勇気を出し、歌を教わるという具体的な行動に出ている千夏の生き方に「本道」を感じている。

**4**

(1) 反語を表す助詞の「か」を選ぶ。アは勧誘、イは詠嘆、ウは疑問の意味で用いられている。

(2) ――線②「書い」は、「書く」の連用形で、イ音便。アの「開く」も同様に「開い(て)」となることからイ音便である。ウは「読ん(で)」となることから撥音便、エは「行っ(て)」となることから促音便である。

(3) 「前」の定義が一つに定まると本文で述べられていないので、田中さん・井上さんの発言は誤り。また、「前」の意味を一つにすべきとは本文で述べられていないので、山本さんの発言も誤りである。

(4) ――線④は、「参照物体にもともと正面がない場合」の考え方である。よって、「モノ中心枠」はこれとは逆の場合である。

**5**

(1) 古文において、語頭と助詞以外の「は・ひ・ふ・へ・ほ」は、原則、現代仮名遣いで「わ・い・う・え・お」に改める。

(2) 「童」の言葉のうち、「されば」は現代語の「だから」という接続語にあたる。「されば」のあとの部分で「日のいづる所は近し。洛陽は遠しと思ふ」の根拠が説明されている。

(3) 「孔子にはかく物問ひかくる人もなきに」とは、「孔子に対してこのようにものを尋ねて聞く人もいないが」の意。偉人である孔子に対し、物怖じすることなく堂々と自分の考えを述べたことに、人々は感心したのである。

## 現代語訳

今となっては昔のことだが、唐(という国)で孔子が、道を歩いて行かれると、八歳くらいの子どもに出会った。孔子にお尋ねすることには、「日の入る所と洛陽とでは、どちらが遠いですか。」と。孔子が返答なさるには、「日の入る所は遠い。洛陽は近い。」(と言ったところ、)子どもが申し上げることには、「日が出たり入ったりする所は見える。洛陽はまだ見えない。だから日の出る所は近い。洛陽は遠いと思います。」と申し上げたので、孔子は、賢い子どもだなあとお感じになった。「孔子にはこのようにものを尋ねて聞く人もいないが、このようにものを尋ねるのは、ただの子どもではなかったのだなあ。」と人は言ったという。

## 入試問題にチャレンジ2

本冊P.94〜97

**1** (1)きょだく　(2)はいせき　(3)へだ

**2** (1)綿密　(2)頭角　(3)散る

**3** (1)イ　(2)いらっしゃった　(3)エ

(4)(例)大会への思いが強すぎることが、不調の原因であることに気付き、楽な気持ちになった。(四十字)

**4** (1)(例)われわれが知っている生命とは地球の上の生命ただ一種類だけであり、それと同様のものが宇宙にも存在する(四十九字)

(2)エ

(3)a問題そのも

b考えられる

**5** (1)為二斉王一　(2)犬馬

(3)(例)鬼魅(鬼や化け物)には形がなく、人の目に見えないので、どのようにでも描くことができるから。

### 解説

**3**

(1) 実良と春の様子から、同じ状況にあるはずの早弥の様子を考える。病気で休んでいた坂口先生が久しぶりに現れたので、驚くとともに喜んでいることを読み取る。

(2) 坂口先生に対する部員の言葉の中から探す。すると、――線①の六〜七行前に「いらっしゃった」とあるのが見つかる。

(3) 「そういうところ」が指し示しているのは、直前の「みんながおったから……」という実良の言葉。自分のことを話すばかりでなく、周囲の人々への心遣いが表れている言葉である。

(4) 直後に「坂口先生の声は……響くようだった」とあり、体が「やわらかくほどけていく」ようだったとあることから、坂口先生の言葉に納得し、安心したことをとらえる。坂口先生は、早弥の「思いが強すぎる」ことがスランプの原因であると言い当てているのである。

**4**

(1) 第三段落の「『生命とは何か』だけは答えられません」のあと、第四段落のはじめに「その理由は簡単です」とあることに着目する。また、第六段落の最後に「……われわれが、『生命とは何か』などという普遍的な問いにはまだ答えられないのです」とあることから、第四〜第六段落の内容を中心に、解答欄に合うように理由をまとめればよい。なお、「本文中で述べられている生命についてのわれわれの知識がどのようなものなのかということにもふれて」という問題文の指示にも注意する。「われわれが知っている生命とは、地球の上の生命ただ一種類だけ」であること、そのため、地球上の生命についていくら調べても、「同様のものが宇宙にも存在するという保証」にはならないという二点をおさえる。

(2) 空欄の前に「われわれのよく知っている地球生命について問われれば答えられますが」とある点に着目する。第六段落に「局所的な、非常に特殊な環境下で生まれたかもしれない生命しか知らないわれわれ」とあることから、われわれのよく知っている地球生命は「特殊」であることを読み取る。空欄が逆接の「が」でつながれていることから、空欄には「特殊」と対義語になるような語が入ると考えられる。「特殊」の対義語は「一般」であることから、エの「一般的」を選ぶ。なお、第六段落の最後の一文の「……生命しか知らないわれわれが、『生命とは何か』などという普遍的な問いにはまだ答えられない」の部分と、空欄を含む一文の「われわれのよく知っている地球生命について問われれば答えられますが、……『生命とは何ですか』と問われても、今は答えようがない」の部分が対応していることに着目し、「普遍的」と同義語のエ「一般的」を選んでもよい。

(3) 「問いの立て方」について述べられている第九段落以降に着目する。第九段落に「ある問題が解けないとか、どうしたらいいのかわからないという場合、多くは問題そのものが正しく設定されていないから解けないことが多い」とあるので、aには「問題そのものが正しく設定されていない」が当てはまる。また、bは直後に「具体的な問いを立てなければならない」とあることから、具体的な問いについて述べられている第十段落に着目する。「具体的になれば、考えられるし、答えも得られる」とあるので、ここから指定された字数で、bに当てはまる部分を探す。

**5**

(1) 二字以上を隔てて返る場合は、一・二点を用いる。この場合は、書き下し文を見ると、「王」が二番目、「為」が三番目にきているので、一・二点を用いることがわかる。

(2) 直後で、絵に描くのが「易き者」は何かと斉王に問われ、「鬼魅」と答えている。これとは対照的に、描くのが「難し」と答えているのは何かを考える。

(3) 「鬼魅は形無き者にして……」の部分で述べられている。犬馬は誰もその姿形を知っているものなので、似せて描く必要があるが、鬼や化け物は姿が見えないために似せて描く必要がないので簡単である、と「客」は述べている。

### 現代語訳

客で、斉王のために絵を描く者がいる。斉王が質問して言うには、「絵を描くことは何が最も難しいか。」と。(絵を描く者が)言うには、「犬馬(を描くの)は難しい。」と。(斉王は)「何が簡単か。」と(質問した)。(絵を描く者が）言うには、「鬼や化け物（を描くの）は最も簡単だ。」と。そもそも犬馬は人が（みな）知っているものであり、いつも人の目に見えるので、これに似せて描くことができず、だから難しい。鬼や化け物は形がないものなので、人の目に見えず、だからこれを簡単だとするのである。

## 入試問題にチャレンジ 3

本冊P.98〜101

**1** (1)かんそう　(2)えんじょ　(3)どうよう

**2** (1)銅像　(2)寸劇　(3)労働

**3** (1)エ

(2)（例）一緒にやることで嫌いな作業でも楽しくなるところ。（二十四字）

**4** (1)（例）温暖化に貢献してしまうこと。

(2)ア

(3)（例）何も手を加えない自然のままの状態なのですばらしい。

(4)エ

**5** (1)イ　(2)端割れたるひきれ（八字）(3)（例）教養のある優れた応答をした（十三字）

### 解説

**3**

(1)「うなだれた」とあるところから、ア「あきれている」、イ「嫌気がさしている」はふさわしくない。ウの「素直に喜ぶことができない」も読み取ることはできない。

(2)「そうだよ、」で始まる「憲太」の言葉のなかに、問題に指定されている「嫌い」「作業」「楽しかった」が含まれていることに着目し、この言葉の前後の内容からまとめる。

**4**

(1) 直後の段落では「食物連鎖」への影響について述べている。そのあとに続く段落が「また」で始まっていることに着目し、二つ目の影響として「二酸化炭素を大気中に放出すること」による温暖化について述べられていることをとらえる。

(2)A 直前の段落で述べられている「食物連鎖」について、身近な生物の例を挙げて説明している段落である。よって、説明・補足を表す「例えば」が適する。

B 直前の段落から話題が変わっていることに着目し、転換を表す接続語を選ぶ。

(3) 直後で「私」の感じ方がまず述べられ、そのあとでミジンコ学者の感じ方が述べられている。「ドイツ人の彼にとっては」に着目する。

(4) ——線③は根拠のある推定を表す「ようだ」である。エは比喩の用法。

**5**

(1) 登場人物が「禅師」と「小童」であることをとらえる。水がほしかったのは禅師である。

(2)「かたわれ月」とは半月のことである。端が割れたお椀に水を入れたものが半月にたとえられていることをとらえる。

(3) 小童が付け加えた下の句は「まだ山の端に出てもおりませんので」という意味。これに対し、筆者は「わりなくこそ（＝思いもかけないことだ）」と述べていることから、小童の発言が想像以上に的確だったために驚いてしまったことをとらえる。

### 現代語訳

この禅僧は、武蔵野の野の中で、水がほしかったので、小屋の見えたところに立ち寄って、水がほしい旨を言ったのを聞いて、窓の中より、端が割れたお椀に水を入れ、十二、三歳ほどの小童が、差し出したのをとると、

（この禅僧は）

満月ではあるが、持っているのは半月に見えることだ

と言ったところ、小童はたちどころに、

まだ山の端に（月が）出てもおりませんから

と言った。思いもかけないことだ。